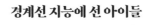

경계선 지능에 선 아이들

경계선 지능에 선 아이들

미야구치 고지 지음 | 김진아 옮김

보이지만 공감하지 않은 사람들을 위해

 북스힐

경계선 지능에 선 아이들
평범해 보이지만 평범하지 않은

초판 1쇄 인쇄 | 2025년 4월 05일
초판 1쇄 발행 | 2025년 4월 10일

지은이 | 미야구치 고지
옮긴이 | 김진아
펴낸이 | 조승식
펴낸곳 | 도서출판 북스힐
등록 | 1998년 7월 28일 제22-457호
주소 | 서울시 강북구 한천로 153길 17
전화 | 02-994-0071
팩스 | 02-994-0073
인스타그램 | @bookshill_official
블로그 | blog.naver.com/booksgogo
이메일 | bookshill@bookshill.com

정가 15,000원
ISBN 979-11-5971-642-3

시작하며

경계성 지능을 가진 어린이들은 겉으로는 매우 평범하게 보입니다.

여러분 주변에 경계성 지능을 가진 어린이가 있다고 해도 여러분은 아마 눈치채기 힘들 겁니다. 이 아이를 길에서 만나서 인사를 나누더라도 대화는 잘 성립하기 때문에, 어려움이 있다고는 생각하지 못하기 때문입니다. 어쩌면 우리 아이가 경계성 지능이라 해도 객관적인 시선으로는 평범한 어린이로 보이지 않을까요?

'평범한' 아이로 보이는데 '평범'하지 않다. 경계성 지능 어린이뿐 아니라 경도의 지적 장애를 가진 어린이에게도 해당하는 말입니다. 지적 장애라도 '경도' 수준이라면, 겉으로 보기에 평범한 아이로 보여 문제점을 간과하게 될 때가 많기 때문입니다. 이 책의 제목은 '경계성 지능 아이들'이지만, 경도 지적 장애를 가진 아이에게도 해당하는 내용이 적지 않습니다.

- 수업 내용을 따라가지 못한다.
- 친구와 잘 어울리지 못한다.

• 감정 제어가 서툴다.

…아이에게 이런 문제가 있는데, 의욕이 없다거나 성격 탓으로만 돌리며 섣불리 짐작하고 있지는 않은가요?

이 책의 독자 중에는 경계성 지능을 가진 어린이의 부모님이나 학급에 '주의 깊게 살펴봐야 할 학생'이 있는 학교 교사, 혹은 복지나 심리 등의 특별 지원 교육 관계자가 많을 것입니다.

부모님이나 교사, 그리고 주변 어른이 이러한 아이의 어려움과 그 배경에 있는 지능 문제를 빨리 알아차리는 게 좋습니다.

경계성 지능 어린이의 대다수는 (경도의 지적 장애를 가진 어린이도 포함해서) 학습뿐 아니라 일상생활에서도 어려움을 겪곤 합니다. 하지만 '말로 표현하기 서툴다' '남들이 내가 못한다는 걸 아는 게 부끄럽다' '일부러 도움을 구하고 싶지 않다' 등의 이유로 자기 문제에 대해 쉽게 입 밖으로 꺼내지 않습니다. 그러니 아이에게 먼저 다가가서 어떤 것이 힘든지, 어떤 상황에서 불편함을 느끼는지, 어떤 마음 상태인지 이해해 주는 것이 중요합니다.

'경계성 지능을 가진 아이'는 그야말로 틈새에 낀 존재라 할 수 있습니다.

경계성 지능이란 지능 지수(IQ)로 말하자면 '70 이상, 85 미만'으로, 지적 장애와 평균 영역의 경계에 해당합니다.

IQ의 평균치는 100입니다. 그 1 표준편차(데이터가 평균치에서 어느 정도 벗어나 있는가를 가리키는 지표)는 15이므로, 평균치 100±15인 'IQ 85 이상, 115 미만'이 평균 영역이 됩니다. 따라서 'IQ 70 미만'이라면 일반적으로 지적 장애 수준에 해당하지요.

명확하게 IQ가 낮다면 대체로 학교 수업을 따라가지 못하는 경우가 많아서, 일반 학급에 가더라도 일부 수업을 다른 교실에서 받거나°, 특수 학급 혹은 상황에 따라 특수 학교에 다녀야 합니다. 그러나 경계성 지능을 가진 아이는 수업 진도를 간신히 따라갈 수 있을 정도의 경계선에 있습니다.

잘하는 과목이 있는가 하면, 잘하지 못하는 과목도 있어서, '하려 들면 하는데' '네가 안 하니까 못하는 것이다' 등 부모님이나 선생님도 본인의 노력 부족이라고 인지하여 한탄하기 쉽습니다.

그러나 제일 힘든 건 어린이 자신입니다.

예를 들어, IQ 80의 10세 어린이가 있다면 그 정신 연령은 8세 정도여서 초등학교 3학년 사이에 1학년이 섞여 있는 것과 마찬가지입니다. 학습만이 아니라 친구들과의 교류에서도 어려움을 겪을 때가 많겠지요. 마치 형, 오빠, 언니, 누나들 사이에 동생들이 끼여 노는 느낌일 것입니다. 그러면 친구들 사이에서도 동등한 관계로 있기 힘들

● 일본에서는 이를 '통급 지도 교실'이라고 하며, 읽고 쓰기가 서투르거나 대인 관계에 어려움을 겪는 아동이나 학생이 통상의 학급에 배치되어 배우다가 장애에 상응해 일부 수업을 다른 교실 등에서 받는 것을 말한다.

어집니다.

이 책에서는 경계성 지능을 가진 아이들의 실태를 해설하면서, 그러한 어린이들의 가능성을 키우는 방법을 제안합니다.

제1장에서는 지적 장애란 무엇인가? 지적 장애와 발달 장애에는 어떤 차이점이 있는가? 또한 알아차리지 못하는 경계성 지능과 경도 지적 장애에 대해 설명합니다.

경계성 지능인지 아닌지는 지능 검사 결과가 판단 기준이 됩니다. 제2장에서는 지능 검사로 인간의 어떤 능력을 측정할 수 있는지를 설명합니다.

제3장에서는 학습 토대가 되는 '인지 기능'에 대해 설명합니다. 인지 기능이 약해지면 어떤 문제가 발생하는지 살펴보고 이를 강화하기 위한 구체적인 방법을 알려줍니다.

마지막으로 어린이의 가능성을 키우려면 어떻게 하면 좋을지 알아보기 위해, 제4장에서는 보호자를 비롯한 도움을 줄 이들이 알아둬야할 아이의 마음 상태와 학습 지원에 관해 이야기합니다.

제1~3장에서는 어려움을 겪는 어린이들의 사례가 다수 등장합니다. 제가 만난 많은 아이들의 실제 사례를 기초로 한 것이지만, 특정한 개인이 밝혀질 수 있는 부분은 일부를 재구성했습니다.

지적 장애라는 진단을 받은 어린이라도, 어떤 도움과 지원을 주느

나에 따라 상태가 크게 호전될 수 있습니다. 이 책이 경계성 지능이나 경도 지적 장애를 가진 어린이들의 배경을 이해하는 데 도움이 되길 바랍니다. 또한 보호자와 교사 등 주변 어른들이 어린이들의 가능성을 믿고 적절한 지원을 하는 데도 조그마한 힘이 되길 바랍니다.

미야구치 고지,
소아 정신과 전문의·의학박사
사단법인 일본 COG-TR 학회 대표이사
리쓰메이칸대학 교수

차례

제 **2** 장 ─────────────────────
지능 검사에 대한 이해

제 **3** 장
왜 교과 학습보다 인지 기능이 더 중요한가?

제 **4** 장 ──────────────
어린이의 가능성은 어떻게 키울 수 있을까?

제 1 장

알아차리기 힘든
'경계성 지능'과 '경도 지적 장애'

알아차리기 힘든 '경계성 지능'과
'경도 지적 장애' 문제

현재 나는 대학에서 임상 심리학과 정신 의학을 가르치고 있다. 그 전까지는 소아 정신과 의사로 공립 정신병원에서 발달 장애 어린이나 사춘기 청소년의 치료를 맡고, 의료 소년원이나 여자 소년원의 교정 담당의로서 교정 프로그램 개발이나 그룹 운영을 진행했다.

소년원에서 많은 비행 청소년을 만나는 동안 알게 된 놀라운 사실과 문제점을 정리한 책이 바로 2019년에 출간한 『케이크를 자르지 못하는 아이들』*이다. 그 책에서는 소년원에는 인지 기능이 부족해서 '케이크를 등분해서 자르는 일'조차 할 수 없는 비행 청소년이 적지 않게 있다는 사실과 그런 청소년들의 배경이나 구체적인 지원책을 언급하고 있다.

이 책은 '발달 장애' 문제를 주제로 하는 것처럼 보일지도 모르겠으나, 사실 내가 알리고 싶은 것은 알아차리기 매우 어려운 '경계성 지능'과 '경도 지적 장애' 문제이다.

최근 차분하지 못하다, 주의가 산만하다, 고집이 세다, 대인 관계가 서툴다… 등의 특징을 가진 '발달 장애'에 관한 인식이 널리 퍼지고 있다. 아마 주변에서 주의력결핍 과다행동장애ADHD나 자폐 스펙트럼

●   원제는 『케이크를 자르지 못하는 비행 청소년들ケーキの切れない非行少年たち』로, 2020년 한국에 번역·출간됐다.

등의 발달 장애 명칭을 들어본 적이 있을 것이다. 서점에서도 '발달 장애'에 관한 서적은 많이 찾아볼 수 있지만, 그에 비해 '지적 장애'에 관한 책은 별로 보이지 않는다. '발달 장애'가 주목되는 요즘, '지적 장애'에 대한 인지도는 상대적으로 훨씬 낮게 느껴진다.

나는 유치원이나 초등학교, 중학교의 컨설테이션(아동 문제를 교직원들이 모여 해결하고자 하는 사례 검토회)에도 참여하고 있는데, 그런 곳에서도 '이 아이는 혹시 지적 장애가 있는 게 아닐까?' 하는 관점에서 이야기가 나온 적은 거의 없었다.

의외로 잘 모르는
'지적 장애'의 세 가지 기준

그렇다면 이 '지적 장애'란 무엇일까?

후생노동성°에서는 지적 장애를 '발달기(대략 18세까지)에 지적 기능의 장애가 나타나, 일상생활에 지장을 줘서 특별한 지원을 필요로 하는 상태에 있는 자'라고 정의한다(2023년 7월 시점).

지적 장애를 판단하는 기준으로는 다음 세 가지가 있다.

① 지적 기능에 장애가 있다.

② 그 장애가 발달기(18세까지)에 발생한다.

●   한국의 보건복지부, 고용노동부, 여성가족부에 해당하는 일본의 행정조직.

③ 일상생활에 지장을 준다.

첫 번째인 '지적 기능에 장애가 있다'는 항목은 지능 검사로 측정하는 것이 일반적이다. 일본에서는 어린이의 나이나 발달 정도에 맞춰, 대체로 5세를 경계로 5세 이하라면 발달 검사(신판 K식 발달 검사新版K式発達検査* 등)를 한다. 지능 검사는 검사 기관에 따라 각기 방침이 다르지만, 5세 이상이라면 지능 검사(다나카 비네식 지능 검사**나 WISC 검사***)를 많이 한다. 이 검사를 통해 지능 지수(IQ)나 발달 지수(신판 K식 발달 검사에서는 발달 지수를 DQ라고 함)가 평균보다 어느 정도 낮은지를 측정한다.

지역에 따라 다소의 차이는 있지만, 'IQ 70 미만'(일부에서는 'IQ 75 미만'이라고도 함)을 지적 장애의 인정 기준 중 하나로 보고 있다.

두 번째 인정 기준은 '그 장애가 발달기(대체로 18세까지)에 발생한다'는 점이다. 즉, 어떤 원인으로 인해 성인이 되고 나서 지적 능력에 문제가 생긴 경우는 지적 장애로 인정하지 않는다. 다만 이 18세라는 부분에 관해서는, 지적 장애 분야 연구의 세계적 권위를 자랑하는 '미

● 　어린이의 심신 발달 상태를 관찰하고 돕는 검사로, 검사 과제에 대한 어린이의 반응을 통해 발달 상태를 다방면으로 평가한다. 1951년 개발된 이후 개정을 거쳐 왔다.

●● 　심리학자인 다나카 간이치에 의해 1947년에 출판된 일본의 비네식 지능 검사의 일종이다.

●●● 웩슬러 아동용 지능 검사Wechsler Intelligence Scale for Children로, 데이비드 웩슬러에 의해 개발된 아동의 지적 능력 검사.

국 지적 장애 및 발달 장애 협회AAIDD: American Association on Intellectual and Developmental Disabilities'가 10년에 한 번씩 개정하는『지적 장애: 정의, 진단, 분류 및 지원 체계』(제12판, 2021년)에서 22세로 변경된 상태다(제11판에서는 18세였다).

그리고 마지막으로 '일상생활에 지장을 준다'도 중요한 기준에 해당한다. 예를 들어 학교나 직장을 다닐 수 없다거나, 대인 관계가 원활하지 못하거나 등 어떤 사회적인 장애가 발생하면 그때 '지적 장애'라고 진단하게 된다.

따라서 설령 IQ가 65라도 특별한 지장 없이 사회생활을 잘할 수 있는 사람은 굳이 지적 장애가 있다고 인정할 필요가 없다. 그건 발달 장애도 마찬가지다. 지적 장애도, 발달 장애도 사회생활을 하는 데 어려움이 있을 때 비로소 진단되는 것이기 때문이다.

발달 장애와 지적 장애의 차이

발달 장애도, 지적 장애도 사회생활을 하는 데 어려움이 있다는 큰 공통점이 있다. 그럼 발달 장애와 지적 장애는 어떤 점에서 차이가 있을까?(개인적으로는 과연 이 둘을 비교하는 것이 타당한지 의문이다.)

다음의 [그림 1]에서 세로축은 지능, 가로축은 발달 장애 특성을 가리킨다. 한때 미국 정신 의학회가 발행한, 정신 장애의 진단과 통계 매뉴얼인 DSM-IV-TR(현재는 DSM-5가 최신)에서도 다축多軸 평가라는

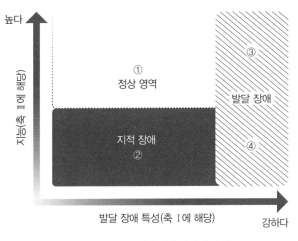

[그림 1] 발달 장애와 지적 장애의 위치

것을 활용했다. 거기에는 축 I ~ V 이 있는데, 정신과 진단에서 사용하는 것은 주로 축 I 과 축 II 이었다. 여기서 축 I 은 인격 장애 및 지적 장애를 제외한 모든 정신과의 임상 질환을, 축 II 는 인격 장애와 지적 장애 두 가지를 진단했다.

즉, 발달 장애는 축 I 으로, 지적 장애는 축 II 로 분류되어 각각 별도로 진단했다는 뜻이다. 그런데 이 두 가지는 함께 존재할 때도, 그렇지 않을 때도 있다. 최신 DSM-5에서는 이 다축 시스템이 폐지되었지만, 발달 장애와 지적 장애의 차이를 이해하는 데는 참고가 될 것이다.

[그림 1]은 다축 진단을 활용한 사고법을 이용하여 내가 작성한 것인데, 크게 네 가지로 분류될 수 있다. ①은 정상 영역, ②는 지적 장애,

③은 발달 장애, ④는 지적 장애를 동반한 발달 장애이다. 이렇게 보면 지적 장애와 발달 장애의 차이를 생각하는 것 자체가, 아예 축(특정과 지능이라는 서로 다른 문제)이 다르므로 별 의미가 없게 느껴진다.

발달 장애를 흔히 '발달 요철'이라고도 부르는데, 잘하는 일과 못하는 일의 차이가 큰 느낌이라고 보면 된다. 뛰어나게 잘하는 것이 있는가 하면, 지나치게 못하는 것도 있는 상태다.

한편 지적 장애는 전체적인 발달이 서서히 진행되는 것이라 볼 수 있다. 어느 한 곳에서의 지능이 낮은 것이 아니라, 전체적으로 천천히 성장하는 것이다. 마치 [그림 2]처럼 말이다.

앞서 IQ 70 미만이 지적 장애에 해당한다고 했는데, IQ 수치만으로는 실제 아이의 상태를 알기 어려울 때도 있다. 검사 결과를 실제적인 마음(정신)의 발달 정도로 보는 '정신 연령'이라는 단어를 쓸 때도

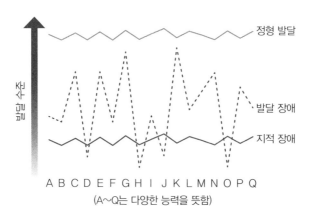

[그림 2] 발달의 굴곡을 통해 본 발달 장애와 지적 장애의 양상

있다.

예를 들어 IQ 70의 10세 아이가 있다면 그 정신 연령은 7세라는 식이다. 그렇게 해석하면, 눈앞에 있는 아이에게 무엇이 필요한지 알 수 있게 된다. 초등학교 3학년 아이들 사이에 유치원생이 섞여 있는 상황이며, 아이에게는 수준에 맞는 학습 내용 습득이 필요하다.

그리고 성인이 되어도 12세 정도의 지적 수준에서 성장이 멈춰 버리는 게 바로 경도 지적 장애다. 반드시 모두의 정신 연령이 12세 수준에서 멈춘다는 게 아니라 생활상 경험치가 각자 다르므로 어디까지나 대략적인 기준이 그렇다는 뜻이다.

발달 장애도, 지적 장애도 사회생활을 하는 데 어려움을 동반하지만, 특히 지적 장애의 경우에는 지적 기능의 발달 수준이 전체적으로 느려서(나이에 상응하는 능력을 갖추지 못한 상태여서), 정형 발달의 집단 생활 속에 있으면 여러 문제가 생기게 된다. 예를 들어, 공부를 못하거나 대인 관계가 서툴거나 임기응변 대처가 약하거나 감정 제어를 못 하거나 부주의할 수 있다.

한편, 발달 장애는 지적 장애를 동반하는 경우가 거의 없지만, 심한 고집을 부리거나 부주의한 행동을 하는 면, 소통 능력과 학습 능력이 부족한 면 등 어느 특정 분야에서 어려움이 발생하는 경우가 많다. 발달 장애는 쉽게 말해, 정형 발달 아동의 인지 기능에 플러스 요소와 마이너스 요소가 이리저리 울퉁불퉁하게 혼재된 느낌이라고 생각하면 되겠다(예를 들어, 기억력이 뛰어나고 관심이 있는 것에는 집중력이 좋은 반면, 상상력이 부족하다).

다만 발달 장애와 지적 장애가 서로 비슷한 점도 있기에, 지적 장애 문제를 지원하는 프로그램을 발달 장애 문제에 응용하는 경우도 있다.

어린이들의 지적 어려움

앞서 언급한 대로 발달 장애와 지적 장애는 공통점도 있지만, 나는 발달 장애와 지능에 대한 과제가 별도의 문제라고 생각한다.

만약 발달 장애와 지적 장애가 함께 일어나는 경우, 개인적으로는 우선 지적인 어려움에 대응하는 것이 우선이라고 본다. 일상생활이나 사회생활에서의 문제는 지적인 어려움으로 인해 발생하는 게 대부분이기 때문이다. 발달 장애에 지적 장애도 병행하는 경우에는 지능 정도(경도·중등도·중도)가 얼마인지가 중요해진다.

발달 장애라도 IQ가 높으면 현재 사회를 잘 살아나갈 방법은 얼마든지 있다. 실제로 자폐 스펙트럼을 가진 고집이 센 사람이 흥미나 전문성을 살릴 수 있는 기술직이나 연구직 일자리를 얻어, 뛰어난 능력을 발휘한다는 사례도 자주 접할 수 있다.

2018년 발표된 「기업가와 그 가족의 정신 상태에 대한 조사」(캘리포니아대학 샌프란시스코 캠퍼스)에 의하면, 기업가 10명 중 3명은 발달 장애인 ADHD(주의력결핍 과다행동장애)를 갖고 있다고 한다. 일본에서도 니토리 홀딩스의 회장인 니토리 아키오가 해당 진단 결과를 공표한 바 있다. 이렇게 ADHD의 특성인 행동력과 아이디어 창조력이 오히려 기업가로서의 특성을 잘 살리는 경우도 있다.

'경도, 중등도, 중도'의 차이

지적 기능의 수준은 일반적으로는 IQ로 드러나는데, 지적 장애 기준의 하나로 'IQ 70 미만'이 있다. 장애는 그 정도에 따라 다음과 같이 네 가지 단계로 분류할 수 있다.

- IQ 50~69(대체로 9~12세) … 경도
- IQ 35~49(대체로 6~9세) … 중등도
- IQ 20~34(대체로 3~6세) … 중도
- IQ 20 미만(대체로 3세 미만) … 최중도

※ ( )의 나이는 발달기를 지난 성인 기준의 정신 연령이다.

네 단계의 각 특징은 다음과 같다. 각 단계에서 학력의 습득이 가능한 나이(학년)도 함께 언급하겠지만, 어디까지나 대략적인 기준 연령이다. 어떤 지원을 하느냐에 따라 더욱 빨리 성장할 가능성이 있다.

IQ 50~69 … 경도

대체로 자기 일은 스스로 할 수 있다. 스스로 생각하는 능력도 있어서, 초등학교 6학년 정도까지의 학력을 습득할 수 있다. 간단한 읽기, 쓰기나 계산도 가능하다. 단, 언어 발달이나 추상적인 것에 대한 이해가 늦는 경향이 보인다. 고도의 기술을 요구하는 것이 아니라면 취업도 된다. 일반적으로 지적 장애라고 해도 본인이나 주변 사람들도 이에 대해 '지적 장애'라는 자각이 없고, 평범하게 생활하는 경우도 있다. 그래서 실제 환자 수보다 확인된 수가 더 적을 것으로 추정된다.

통계적으로도 지적 장애인의 약 85퍼센트가 이 단계로 분류되어 있다. 따라서 지적 장애라고 하면 대체로 경도 수준을 가리킨다고 해도 과언은 아닐 것이다.

예전에 지적 장애에 대해 어떤 이미지를 갖고 있는지 학생들에게 물어본 적이 있었는데, 다음과 같은 답변을 들었다.

- 무섭다.
- 항상 뭐라고 중얼거린다.
- 말이 안 통한다.
- 시험 성적이 늘 꼴찌다.
- 어린애 같다.
- 수업에 방해만 된다.
- 부모가 평생 돌볼 각오가 있어야 할 아이를 가지면 너무 힘들 것 같다.
- 그 형제가 불쌍하다.
- 천진하다.

그러나 실제 경도 지적 장애의 특징과 비교해 보면 위의 답변과 크게 다르다는 사실을 알 수 있다. 그때 나는 세간의 지적 장애 환자에 대한 이미지가 사실과 아주 다르다는 점을 실감할 수 있었다.

IQ 35~49 ··· 중등도

자기 일은 어느 정도 스스로 할 수 있다. 간단한 읽고 쓰기와 계산이 부분적으로 가능하다. 영유아기에 언어 발달이 느리긴 하지만, 의사소통 능력은 있다. 적절한 지원만 받으면 초등학교 2학년 정도까지의 학력을 습득할 수 있다. 배려해 주는 직장이 있다면 단순 작업자로 취직도 가능할 것이다.

IQ 20~34 ··· 중도

영유아기에는 거의 대화가 통하지 않으나, 학령기가 되면 기본적인 생활 습관(대화, 식사, 배설 등)을 익힐 수 있다. 대략 5세 정도까지의 학력 습득이 가능하며, 읽고 쓰기나 계산은 어렵다. 간단한 일을 돕거나 심부름 같은 작업은 가능하다.

IQ 20 미만 ··· 최중도

좋고 싫음만 드러낼 수 있는 정도고, 언어를 통한 의사소통 능력을 갖추긴 어렵다. 적절한 지원에 따라 능력의 성장은 보이지만(3세 정도까지), 자기 주변 일을 스스로 처리하기 어려우며 항상 주변의 도움과 보호가 필요하다.

또한 지적 장애의 남녀 비율은 1.6 : 1(경도)~1.2 : 1(중도)로, 전체 남녀 비율은 1.5 : 1 정도로 추정된다.

여기까지 지적 장애 정도를 네 단계로 구분해 설명했는데, '장애 정도가 심하지 않다'를 '지원 필요성이 적다'는 말로 오해하지 않길 바란다. 물론 스스로 처리해야 할 일을 도와야 하는 경우 중등도와 중도보다 경도가 더 적을지 모르지만, 그래도 지원을 하지 않을 수는 없다. 오히려 경도 지적 장애를 가졌기에 건강한 사람과 구분이 되지 않고, 지원을 받기 어려울 가능성마저 있다. 그렇게 되면 생활의 어려움이 더 커지게 된다.

'역시 나는 못해'가 입버릇인 A군

실패를 극도로 두려워하고, 실패할 바에야 차라리 도전조차 하지 않는 자존심 높은 어린이가 있다. 초등학교 저학년인 A군도 바로 그런 유형의 아이 중 한 명이다.

A군은 선생님이 "이 문제는 틀려도 되니까 한번 풀어 볼래?"라고 말해도

(조금 해 보다가) "에이, 못하겠어요." "그만할래."

(생각도 안 하고) "몰라요!" "못해요."라고 대답할 때가 많다.

A군은 포기가 매우 빠르다.

그러나 이런 말은 잘하지 못하는 것에 대한 방어 행동이었다. 지능 검사를 받아보니, A군은 경도 지적 장애가 있음이 판명됐다.

경도 지적 장애를 가진 어린이는 큰 문제 없이 대화하거나 놀 수 있어서 일반적인 아동과 거의 차이가 나지 않는다. 또한 자신이 관심 있는 것과 좋아하는 것에는 기억력이 좋다. 그리고 시키는 일도 어느 정도 할 수 있다. 그러나 평소와 하는 방식이 다르거나 어떤 문제가 발생했을 때의 대처법을 모르고, 스스로 새로운 응용 방법을 찾아내지 못하는 경우가 많은 게 특징이다.

경도 지적 장애가 있더라도, 부모가 열심히 아이를 가르치고 개인 교습을 받도록 하면 초등학생까지는 어떻게든 학습 내용을 따라갈 수 있다. 그래서 초등학생 때 그다지 성적이 나쁘지 않을 수 있지만 그렇다고 해서 지적 장애가 없다고는 볼 수 없다.

만약 지적 장애가 의심된다면 '아직 초등학생이니까 더 지켜보자'라고 경과 관찰을 하는 것보다 조금이라도 지금 할 수 있는 일을 생각하는 편이 좋다. 예를 들어서 지자체의 교육 센터나 발달 상태를 잘 판단할 수 있는 의료 기관에서 진단을 받고, 어떤 부분에 문제가 있는지 아이의 특성을 파악하고 평가하는 것이다. 그러고 나서 구체적인 대응책을 학교와 보호자가 함께 검토하는 것이 가장 이상적이라 할 수 있겠다.

사례: 포기가 빠른 어린이

'IQ 70 이상'이면
장애라고 판정하기 어렵다

앞서 언급했던 것처럼 지적 장애에는 대략적으로 'IQ 70 미만'이라는 기준이 있다. 반대로 말하자면 원칙적으로 'IQ 70 이상'이면 사회생활을 하는 데 아무리 힘들어도 지적 장애로 판정하기 어렵다는 것을 의미한다. 실제로 IQ가 72, 73, 74 등 70을 조금 웃도는 정도인데 '지적으로 전혀 문제가 없다' '지적 장애가 아니다'라고 진단되는 경우를 많이 봤다.

자기소개서 내용을 이해하지 못하는 K양

K양은 초등학생 때부터 수업을 잘 따라가지 못할 때가 많아, 어머니에게 자주 혼이 나며 자랐다. 그래도 성적은 대략 '중간' 정도에 해당하는 수준이어서, 큰 문제 없이 아주 얌전한 아이로 생활했다. K양은 대학에 들어가 2학년이 됐을 때, 하와이에서 단기 인턴십 유학을 하며 직장 체험을 했다. K양의 꿈은 항공기 승무원이 되는 것으로, 4학년이 되자 구직 활동을 위해 종종 상경하여 항공업계나 호텔 업계를 중심으로 입사 시험을 봤다. 그러나 기업에 제출하는 자기소개서 속 질문의 의미를 이해하지 못해 빈칸으로 낼 때도 많았다.

그런데 K양에게는 말 못 할 비밀이 있었다. 구직 활동을 하는 중

이미 만삭의 몸이었는데, 이 사실을 누구에게도 말할 수 없었다. 부모님은 딸의 구직 활동을 기뻐하며 응원해 줬다. K양은 '부모님과의 관계가 망가지는 게 무섭다'는 생각에 고민을 상담할 수 없었다.

2019년 11월, 구직 활동을 위해 상경한 K양은 하네다 공항 화장실에서 아기를 출산하고 말았다. 그 직후 아기를 살해했다. 그리고 시신을 종이봉투에 넣어 공항 안에 있는 카페로 향했다. 그곳에서 애플파이와 초콜릿 스무디를 주문한 후 음식 사진을 찍었다. '열심히 노력하는 나 자신을 위한 상'이라는 글과 함께 인스타그램에 업로드했다. 그날 밤, K양은 도쿄도 미나토구의 공원으로 이동하여 맨손으로 땅을 파 아기 시신을 묻었다. 그리고 다음 날, 예정대로 입사 면접시험을 봤다.

알아차리지 못한 '경계성 지능'이었던 K양

아기 살해 사실만 신문기사로 읽으면 K양은 그야말로 사이코패스에다 전혀 이해할 수 없는 인간이다. K양의 행동을 상식이 전혀 통하지 않는 이기적인 짓으로 여기는 사람도 적지 않을 것이다.

2021년 9월에 K양 사건의 재판이 열렸다. 재판장은 '구직 활동에 영향을 받지 않기 위해, 자신의 장래에 방해물이 될 여아를 없애기 위해 살해했다. 매우 이기적이고 충동적인 행동이다'라고 하며, 징역 5년의 실형 판결을 내렸다.

하지만 과연 이 사건을 '이기적인 인간이기에 이런 범죄를 저질 렀다'라는 말로 정리할 수 있을까? 사실 이 사건에는 아래와 같은 배경이 있었다.

공판 전 검사에서 피고인의 IQ는 74로 '경계성 지능'에 해당했다. 경계성 지능은 앞서 살펴본 [그림 1]과는 달리 [그림 4]처럼 정상 영역과 지적 장애 사이에 끼어 있다. 일반적으로 IQ 70 이상은 지적 장애로 판정되지 않는다. 그러나 IQ 70~84는 어떠한 지원이 필요한 '경계성 지능'에 해당한다. '지적 장애의 그레이존'이라고도 불리는 경계성 지능은 통계학상으로 전체 인구의 약 14퍼센트에 해당한다. 성인임에도 대략 중학교 3학년 정도에 해당하는 지적 능력을 가지고 있는 것이다. 그러나 장애까지는 아니므로 행정 지원의 대상에 들어가지 못한다. 정부의 복지 서비스를 받기 위해서는 요육 수첩療育手帳*을 배부받아야 하지만, 경계성 지능은 그럴 수가 없다(단, 발달 장애로 수첩을 교부받을 가능성은 있다).

내가 지금 가장 중점을 둬서 말하고 싶은 것은 '발달 장애도, 지적 장애도 아닌 경계성 지능을 가진 사람들'의 존재다. 현재의 복지 서비스로는 지적 장애인과 발달 장애인이 받을 수 있는 지원 모두에서 벗어나고 있기 때문이다.

● 일본에서 지적 장애 및 발달 장애인에게 교부되는 자격으로, 한국에서는 장애인 복지 카드가 이에 해당한다.

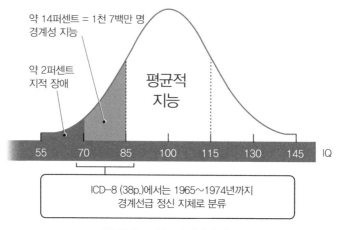

약 14퍼센트 = 1천 7백만 명
경계성 지능

약 2퍼센트
지적 장애

평균적
지능

55   70   85   100   115   130   145   IQ

ICD-8 (38p.)에서는 1965~1974년까지
경계선급 정신 지체로 분류

[그림 3] IQ 분포와 경계성 지능

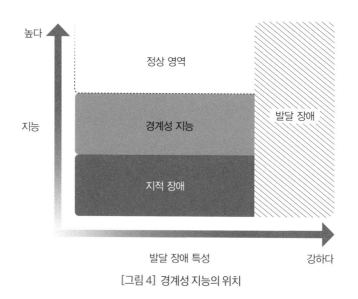

높다

정상 영역

지능

경계성 지능

발달 장애

지적 장애

발달 장애 특성   강하다

[그림 4] 경계성 지능의 위치

앞뒤 상황을 고려해
행동하는 것이 어렵다

앞서 언급한 K양은 재판 중에 '자수'나 '살해' 같은 단어를 이해하지 못해서 이를 얼버무리기 위해 웃는 모습을 보였는데, 이에 대해 재판장이 속을 태웠다고 보도된 바 있다. '자수를 생각하지 못했는가?'에 대한 질문에 '자수가 뭐예요?'라고 되묻고, '그런 제도가 있는 줄도 몰랐다'라는 대답을 했다고 한다.

그러나 재판장은 그녀의 지적 능력이 '낮다고는 하지만 정상 범위 안에 있어 큰 문제는 없다'라고 판단하여, 징역 5년의 실형 판결을 내렸다.

일반적으로 지적 장애를 가진 사람은 앞뒤 상황을 고려하여 행동하는 것이 어렵다. 경계성 지능을 가진 사람도 그러한 경향을 보인다. 그렇다면 어떻게 될까? 미래의 일을 상상하는 데 어려움을 느끼고 만다. 특히 급하게 뭔가를 해야 할 때, 앞뒤 생각하지 않고 즉흥적으로 판단하고 돌발적인 행동을 하기 쉽다.

자세한 진상은 알 수 없지만, K양이 처음부터 계획하고 사건을 저지른 게 아니라 돌발적으로 아기를 살해했을 가능성도 있다. 변호사 측은 최종 변론에서 '피고에게는 자기소개서 항목을 채울 수 있게끔 곁에서 조언해 주는 사람도 없었다. 사건에 대해서도 상의할 사람만 있었다면 일어나지 않을 일이었다'라고 주장했다고 한다.

남에게 제대로 상의하지 못하는 것도 지적 장애나 경계성 지능에서 흔히 볼 수 있는 특징이다. 특히 경계성 지능의 경우, 주변에서 '의욕이 없다' '게으르다'라고 판단하여 이해해 주지 않을 때가 많고, 그로 인해 좌절 경험이 쌓여 고립되는 경우도 많다.

증인으로 재판정에 나온 K양의 어머니는 아이가 어릴 때부터 꾸짖기만 했다면서 '딸의 어려움을 전혀 이해해 주지 못했다'라며 울며 증언했다고 한다. 원래라면 K양도 사회에 나가기 전에 가정과 학교에서 지원 계획을 세워 줘야 했지만, 그러지 못해 매우 안타깝다.

지적 장애의 양상은 '이기적이고 충동적'

그뿐만 아니라 재판관이 판결문에서 '이기적이고 충동적'이라고 언급한 점 역시 지적 장애의 특징 중 하나라고 볼 수 있다. 지적 장애를 가진 사람은 앞일을 상상하고 고려하는 것이 어렵기에, 문제를 미루고 현실에만 직면해서 임기응변적인 행동을 할 가능성이 있다.

그 외에도 판결문에는 아래와 같은 내용이 적혀 있었다.

'공항 직원 등에게 도움을 요청하지 않았다'

'임신을 계속 숨기다가… 이를 직시하지 못하고 문제를 뒤로 미룬 결과 출산을 맞이해…'

'문제 해결이 어려울 때 고의적(일시적인) 혹은 강경한 행동에 이르는 경향이 있으며…'

'어머니에게 임신 사실을 숨기는 등…'

난처한 일이 생겼을 때 문제를 혼자 끌어안은 채, 융통성 있게 남에게 도움을 제대로 구하지 못하는 태도 역시 지적 장애의 특징 중 하나라고 할 수 있다.

이렇게나 지적 장애의 특징으로 해석할 수 있는 양상을 보임에도 불구하고, 지적인 문제가 있다고 받아들여지지 않은 채 당사자의 이기심과 사고력 부족만 부각되고 말았다.

이는 상황에 따라 억울한 판결로 이어질 수도 있는 심각한 문제다.

얼마 전에도 나는 어느 지방에서 재판관들을 대상으로 한 경계성 지능 관련 강의를 했는데, 다들 지적 장애에 대해 별로 알지 못했다. '지적 장애란 대체 어떤 상태를 말하는 겁니까?'라고 묻는 이도 있었다. 그러니 '경계성 지능'에 대해서는 더욱 모르는 사람이 많을 수밖에 없다. 그런 재판관들이 피고인의 어설픈 언동이나 질문에 적절히 대답하지 못하는 모습을 보고 지적 문제를 의심하기는 매우 어려울 것이다. 지적 장애가 있다고 하더라도 이를 알지 못하고 '평범한 일반인'으로 처벌하고 판결을 내리게 될 가능성이 있다는 뜻이다. 이는 매우 무서운 일이 아닐 수 없다(이 문제는 만화판 『케이크를 자르지 못하는 아이들』 제4~5권에서 그리고 있다).

지적 장애의 인정 기준은
지자체와 시대에 따라 다르다

지금까지 'IQ 70 미만'이 지적 장애의 판정 기준이라고 했는데, 그 숫자는 어디까지나 대략적인 기준에 불과하다. 예를 들어, 지적 장애의 인정 기준에 대해서 도쿄도에서는 '경도란 지능 지수(IQ)가 약 50~75'라고, 교토시에서는 '발달 지수 및 지능 지수가 51~75인 경우 장애 내용은 경도로 본다'라고 지정하고 있다. 이에 비해 사이타마현에서는 '지능 지수가 약 70 이하'라고 정한다.[*]

이처럼 지적 장애의 장애 인정 기준은 지자체에 따라서도 다르다. 이는 거주 장소에 따라 지적 장애로 인식하는 방식이 달라진다는 뜻이다(지자체에 따른 기준 차이가 책임 능력 판단에 영향을 준다면, 재판 결과가 달라졌을 가능성도 있다).

지적 장애 기준을 'IQ 70 미만'으로 삼은 건 1970년대 이후의 일로, 그 전에는 'IQ 85 미만'이 기준이었던 시기도 있었다.

현재 일본의 의료 현장에서는 세계보건기구WHO가 발간하는 ICD(국제질병분류)의 제10판(ICD-10)을 사용하여 질병을 분류하고 있다(2023년 7월 현재, 제11판으로 전환 중). 이 ICD는 제9판까지 10년 단위로 개정이 반복되어 왔다. 1965~1974년은 제8판(ICD-8)이 사용

* 우리나라의 지적 장애 판정 기준은 IQ 35 미만(1급), IQ 35 이상~50 미만(2급), IQ 50 이상~70 이하(3급)로 분류하고 있다.

되어, 최근 10년 동안은 IQ 70~84까지를 경계선급 정신 지체로 보는 정의가 내려져 있다. '정신 지체'는 요즘 말로 '지적 장애'를 의미한다. 즉, '경계성 지능'은 한때 지적 장애에 포함되어 있었다는 뜻이다. 이걸 현재 일본에 맞춰 보면, 실은 약 1천 7백만 명(전체 인구의 약 14퍼센트, 대략 일곱 명 중 한 명)이 지적 장애라는 추산이 나온다.

그런데 제9판(ICD : 1975~1984년) 이후, 지적 장애는 IQ 70 미만으로 변경됐다. 변경의 배경에는 IQ 70~84까지 포함하면 지적 장애를 가진 인구가 너무 많아지므로, 지원자 확보나 재정 면에서도 따라가기 어렵다는 사정이 고려됐음을 추측해 볼 수 있다.

경도 지적 장애라도
알아차리지 못할 수 있다

그러나 지적 장애 기준이 달라졌다고 해서 한때 '경계선급 정신 지체'로 정의됐던 IQ 70~84의 사람들의 IQ가 높아진 것은 아니다. 그런데도 이들이 지원 대상에서 제외된다는 것은 큰 문제가 아닐 수 없다.

이들은 어린 시절부터 '공부를 잘 못한다' '의사소통 능력이 부족하다' '운동이 서툴다'라는 말을 들으면서 자랐고, 학력이나 신체적인 면에서 문제를 갖고 있어 생활에 어려움을 겪는 일이 적지 않다. 그러나 경계성 지능이라는 사실이 인지되지 못하고, 더 나아가 지원을 받지도 못해서 공부를 어려워하거나 직장을 오래 못 다니는 일이 잦다. 집에만 틀어박혀 지내거나 남에게 속는 일도 생긴다. 최악의 경우에는 범죄에 이용당해 죄를 짓고 교도소에 들어가는 일조차 있다.

그렇다고 경도 지적 장애를 주변에서 바로 인지할 수 있느냐 묻는다면 꼭 그렇지도 않다. 앞서 「경도, 중등도, 중도'의 차이」에서 소개했던 '역시 나는 못해'가 입버릇인 A군처럼 외모나 평소 생활 태도로는 거의 구별이 되지 않는 경우가 많다(지적 장애를 의심하며 주의 깊게 살펴보면 학력이나 행동상의 부진을 알아차릴 수 있지만).

또한 한마디로 '경도 지적 장애'라고 하더라도, 중등도에 가까운 IQ 50과 경계성 지능에 가까운 IQ 69는 어려움을 느끼는 수준이 상당히 다르므로, 이 점도 주의해야 한다.

시험 점수가 20점인 중학교 1학년 T군

T군은 초등학교 2학년 때까지만 해도 어떻게든 학습 과정을 쫓아갔지만, 중학교 1학년이 된 지금 수업이 어려워서 더는 따라가기가 버겁다. 시험 점수는 다섯 과목 모두 합쳐 500점 만점에 100점 정도밖에 못 받는다. 한 과목당 평균점이 20점에 불과하다. 선생님이 칠판에 쓴 글을 70퍼센트 정도 받아 적긴 하지만, 스스로 문제를 풀지 못한다. 집에서는 공부하지 않고 스마트폰으로 게임 하거나 동영상을 보며 지내는 시간이 많고, 이에 쓰는 돈이 무려 매월 1만 엔을 넘는 일도 있다. 부모님이 "숙제는 했니?"라고 물어보면 하지도 않았으면서 '했다'라고 자주 거짓말을 한다.

이 T군의 지적 수준은 대략 어느 정도로 추정될까. T군은 현재 일반 학급에서 지내고 있다. 초등학교 2학년 때까지는 어떻게든 공부를 하려고 했다는데, 달리 말해 그 이후부터 지금까지는 학습에 상당한 어려움을 느꼈음을 추측할 수 있다.

또한 자주 거짓말을 한다고 하는데, 두 가지 원인을 생각해 볼 수 있다. 첫 번째 원인은 '듣는 능력'의 부족이다. 제대로 알아듣지 못하고 뭐라고 대답해야 좋을지 모를 때 일단 '응' 하고 대답하는 경우라 할 수 있다.

또 다른 원인은 심리적인 측면에서 거짓말을 했을 때 생기는 이득이다. 예를 들어, 혼나지 않고 그냥 넘어가거나 주목을 받는 것이 이에 해당한다. 아마도 T군의 경우에는 전자에 해당할 것이다.

독자 여러분은 이러한 T군의 모습을 보고 가능한 한 특별 지원 학급에 편입시켜, T군의 특성에 맞는 학교생활을 하도록 하는 것이 좋지 않을까 생각할지도 모른다.

그러나 T군은 지능 검사에서는 경계성 지능에 속해 있어서 특별 지원 학급이 아니라 일반 학급에서 그대로 수업을 받게 됐다. 학교 교육에서 일반적으로 이 정도 수준은 특별 지원 대상이 될 수 없다고 판단하기 때문이다. 따라서 성적이 별로 좋지 않아도, 교사가 처음부터 '지적 장애가 있는 게 아닐까?'라고 의심할 수 없는 것이 사실이다.

후생노동성이 파악하는
지적 장애인의 수가 적다?

지적 장애 여부는 아동상담소나 병원 등에서 지능 검사를 받고 알 수 있다. 다만, 눈에 띄는 문제가 없다면 곧바로 관련 기관으로 상담을 받으러 갈 수가 없으니 장애를 알아차리기 어렵다.

지능 지수는 기본적으로 정규 분포(평균치를 중심으로, 양수와 음수 도수가 똑같이 퍼져 있는 분포)를 따르므로, 통계적으로는 일본 전체 인구의 약 2퍼센트(약 250만 명)가 IQ 70 미만에 해당하며, 지적 장애의 가능성이 있다는 뜻이 된다(2023년 시점, 일본 인구는 1억 2477만 명).

그러나 후생노동성이 파악하는 지적 장애인은 1퍼센트 미만이다 (2016년 후생노동성 조사에 의하면 총인구 1천 명에 대한 지적 장애인은 9명). 2000년대까지 거슬러 올라가면 0.5퍼센트도 되지 않았다.

즉, 후생노동성이 파악하는 인원수보다 실제 지적 장애가 있는 사람은 몇 배 이상이라 추산된다. 그럼 왜 조사로 파악된 인원수가 이렇게 적었을까? 낙관적으로 본다면, 사회 속에서 잘 생활하고, 굳이 진단을 받을 필요가 없어서였을지도 모른다. 그러나 비관적으로 따져 본다면 장애가 있어 어려움을 겪더라도 이를 발견하지 못한 채 지원 범위에 포함되지 않았을 가능성이 있다.

또한 후생노동성이 파악하는 지적 장애인이란 요육 수첩 소지자의 통계치에 해당한다. 이 수첩은 지자체에 따라 '사랑의 수첩'(도쿄도 요코하마시), '애호 수첩'(아오모리현 나고야시) 등 다른 명칭으로 불린다.

요육 수첩을 취득하면 각종 복지 서비스를 받을 수 있고, 장애 증명('장애인 할인'을 받을 수 있음)이나 '장애인 직원 구인' 회사에 지원할 수 있는 등 혜택을 받는다. 이 요육 수첩을 취득하지 않는다는 건, 복지 서비스를 받을 필요가 없다는 뜻으로 받아들여질 때가 많다. 그러나 정말로 별다른 문제를 겪지 않아 요육 수첩이 필요하지 않다면 괜찮지만, 본인 및 주변도 그 어려움의 원인이 지적 장애에 있음을 알아차리지 못하는 경우가 있다.

'나는 왜 이렇게 공부를 못하지?'

'왜 업무를 잘 처리하지 못하는 걸까?'

이런 식으로 난처해하는 상황이라도, 겨우 그 정도의 문제로 지능 검사를 받으러 가는 사람은 거의 없다는 게 현 상황이다.

의료 소년원에서 알게 된
소년들의 문제

소아 정신과 의사인 나도 한때는 지적 장애 어린이의 존재를 제대로 알아차리지 못했다. 나는 원래 공립 정신병원에서 일하고 있었는데, 발달 외래, 아동 사춘기 외래 쪽이 전문이라 환자는 발달 장애 어린이가 대부분이었다. 언제나 자폐 스펙트럼증이나 ADHD(주의력결핍 과다행동장애) 어린이를 진찰했던 것이다. 그래서 '어려움을 겪는 어린이'라고 하면 주로 '발달 장애'를 떠올리곤 했다.

이후 의료 소년원에서 일하게 됐는데, 그곳에서 문제가 됐던 건 거의 지적 장애였다. 경도 지적 장애나 경계선 지능을 가진 발달 장애 소년들이 아주 많았다.

그럼 왜 병원에서는 지적 장애 어린이를 많이 만나지 못했을까. 그 이유는 어린이의 장애가 지적인 면뿐이라면, 의학적 치료를 필요로 하지는 않기 때문이다. 지적 장애라고 하면 특별 지원 교육이나 복지 서비스는 필요하지만, 의료 기관이 나설 필요는 별로 없다. 자신이나 타인에게 심하게 상해를 가하는 강도 행동 장애에 대한 투약 조정이나 진단서 갱신 등을 제외하고는, 경도 지적 장애인들(지적 장애의 약 85퍼센트)과 정신과 치료는 거의 관련이 없다. 한편, 발달 장애 등은 진단과 통원을 통해 지속적인 치료를 필요로 할 때가 많아서 의료와 깊은 관련을 맺게 된다.

공립 정신병원에서 의료 소년원으로 이동한 후, 나는 그곳에서 다수의 경도 지적 장애 소년들을 만나고 병원에서는 알지 못했던 다른 문제가 있음을 깨달았다. 지능 문제로 인해 학습 내용을 따라가지 못해 면학에 게을러지고, 그 결과 비행에 손대어 범죄 가해자가 되는 소년들이 있다는 사실을 처음으로 알게 된 것이다. 병원에서는 쉽게 볼 수 없었던 지적 장애 아이들의 문제를 의료 소년원에서 처음으로 인식했다. 즉, 지적 기능 장애로 인한 불리함이 아이들의 힘든 생활과 어려움을 논하는 데 있어 결코 피해갈 수 없는 문제임을 알게 됐다.

경계성 지능, 경도 지적 장애가 간과되는 이유

경계성 지능이나 경도 지적 장애는 학교 교사나 부모도 알아차리지 못하는 경우가 아주 많다. 그런 어려움에 처한 아이의 숫자는 상상 이상으로 많음에도 불구하고 말이다. 통계적으로 경계성 지능은 인구의 14퍼센트이니, 35명 학급이라면 반에 5명 정도는 있다는 계산이 된다.

가정에서는 아무리 자기 자식이라도, 부모가 이를 알아차리기는 매우 어렵다. 자기 아이만 보고 있으니 비교 대상도 없을뿐더러, 자기 아이를 기준으로 생각하기 쉽기 때문이다. 형제가 생기고 나서 알게 될 때도 있지만, 첫째 아이 때는 쉽게 눈치챌 수 없을 것이다. 또한 3세아 진단, 5세아 진단*으로 아이가 발달이 늦다는 걸 알게 되어도, '경과 관찰'로만 넘기는 경우도 많다.

집단 속에서 한 명의 어린이를 지켜보는 학교의 베테랑 교사라면 지적 장애 문제를 알아차릴 수도 있지만, 경계성 지능이라면 파악이

● 3세아 진단이란, 일본의 모자보건법에 의해 각 지자체에서 의무적으로 실시하는 검사로, 신체 발육 상황이나 영양, 눈과 이의 이상 유무, 정신 발달 등을 측정한다. 반면에 5세아 진단은 임의 진단으로, 지자체에 따라 유료로 진행할 때도 있다.

어려워서 '이 애는 다른 아이와 좀 다른 것 같다'라는 위화감은 느껴도 특별한 지원까지 이어지지 않을 때도 있다.

2019년부터 교직 과정에 '특별 지원 교육'에 관한 과목이 필수화됐다. 다만, 수업에서 지적 장애의 개요를 배우더라도 현실에서 경계성 지능이나 경도 지적 장애 어린이를 만난다는 보장은 없다. 또한 그런 아이들이 실제로는 어떤 언동을 보이고, 그게 어떤 증상으로 나타나는지를 구체적으로 배울 기회도 적다. 따라서 경계성 지능이나 경도 지적 장애 어린이가 반에 있다고 하더라도 교사가 놓치게 되는 경우도 얼마든지 생기게 된다.

학교 교사만이 아니라 의사에게도 해당하는 말이다. 의학부에서는 지적 장애의 정의에 대해서는 배우지만, 실제로 경계성 지능이나 경도 지적 장애 어린이를 접해 보지 않는 이상은 상태를 알 수가 없다. 그런 어린이들은 외형적으로는 일반적인 아이들과 거의 구분이 되지 않고, 평소 생활하는 모습도 건강한 아이들과 특별한 차이가 없을 때도 많다.

아이들에 대한 이해부터
시작해야 한다

그럼 그러한 아이들을 간과하지 않으려면 어떻게 해야 할까? 우선 눈앞의 아이가 처한 상황을 올바르게 이해하는 데서부터 시작할 수밖에 없다. 경계성 지능이나 경도 지적 장애 어린이들이 처한 문제는 공부가 너무 어렵다는 학습적인 면에만 한정되지 않는다. 일상생활 속에서 여러 어려움을 겪고 있다는 신호가 분명 있을 것이다. 예를 들어, 아래와 같은 경우이다.

- 친구와의 대화를 잘 따라가지 못한다.
- 상대방의 감정을 파악하지 못하고 문제를 일으킨다.
- 감정을 제어하는 게 힘들다. 화를 잘 낸다.
- 약속을 잘 잊는다. 물건을 깜박할 때가 많다.
- 선생님의 이야기를 잘 듣지 않는다.
- 손을 잘 움직이지 못한다.
- 몸을 잘 움직이지 못한다.

이러한 신호를 관찰하여, 어린이가 어려움을 겪는 상황이나 그 배경을 하나씩 이해해야 한다.

그러려면 항상 아이의 눈높이에서 무엇을 힘들어하는지 살펴봐야할 것이다. 아이의 눈높이에 서서 문제를 생각하면 필요한 지원이 무엇인지 보이게 된다.

또 한 가지 중요한 것은 아이의 이야기를 잘 듣는 일이다. 아이를 상대로 할 때만이 아니라 사람은 듣고 있는 것 같으면서도 상대방의 이야기를 흘려들을 때가 많다. 특히나 상대가 어린이라면 아이의 설명이나 요령이 부족할 때 "그게 무슨 뜻이니?"라고 자기도 모르게 따져 묻기가 쉽다.

특히 "너한테 문제가 있는 게 아니니?"라는 식의 부정적 발언을 하게 되면, 아이는 마음을 닫고 만다. 아이 입장에서 보자면 부모나 선생님의 의견을 듣고 싶은 게 아니라, 그들이 내 이야기를 들어 주고 나를 받아 주길 바랄 뿐이다. 따라서 아이의 눈을 보고 맞장구를 잘 쳐주면서 이야기에 귀를 기울이는 게 중요하다.

그럴 때, 아이가 "엄마, 나 어떻게 하면 돼?" "선생님, 어떻게 생각하세요?"라며 의견을 물으면 그때 가서 조언을 해 주면 된다.

지적 장애라고 진단되어도
변할 수 있는 가능성이 있다

의사 중에서는 'IQ는 평생 변하지 않는다'라고 하는 사람도 있지만, 나는 그 점에 의문을 표한다. 지능 검사에서 지적 장애 영역에 해당하는 IQ 수치가 나오더라도 그것은 변할 수 있다. 오히려 평생 변하지 않음을 증명하는 게 더 어렵지 않을까.

최근에는 사춘기에 들어서면서도 IQ가 변화한다는 보고가 나오고 있다. 2011년 영국 런던대학의 연구팀이 12~16세 사춘기 세대 피험자 33명을 대상으로 IQ 테스트를 진행한 결과, 4년 후의 테스트에서 20점이 상승한 사람이 있음을 확인했다(단, 비슷하게 점수가 내려간 사람도 있다고 한다). 이것만으로 결론지을 수는 없지만, 그래도 어린이의 뇌, 특히 어릴 때의 뇌가 어떻게 변화할지는 거의 미지수라고 할 수 있다.

나는 인지 기능이 낮은 청소년이나 어린이들을 수없이 접하면서, 훈련에 따라 그들이 크게 성장할 수 있음을 직접 확인했다(인지 기능 강화 트레이닝에 대해서는 제3장에서 자세히 설명하겠다). 경계성 지능이나 경도 지적 장애라고 하더라도, 요소적인 인지 기능(예를 들어, 주의력 등) 같은 건 충분히 개선할 가능성이 있다. 정도에 차이가 있긴 해도, 그게 결과적으로 IQ와 연결되지 않으리라고 과연 누가 증명할 수 있을까.

아이의 가능성을 '조금이라도 키워 주고 싶다'면, 지금 할 수 있는 일을 적극적으로 시도해 볼 가치는 충분히 있다고 본다.

제 **2** 장

지능 검사에 대한 이해

지능 검사 받기

이 장에서는 지적 장애나 경계성 지능을 진단할 때 근거가 되는 지능 검사에 대해 다뤄보고자 한다.

교육 센터나 의료 기관에서 자녀에게 지능 검사를 받게 할 때가 있는데, 그렇게 하면 결과 수치와 지능이 어느 수준인지, 분포 정도에 대한 설명을 듣는 게 끝일 것이다. 그것만으로는 뭐가 뭔지 이해하기 어렵지 않을까.

그래서 보호자의 입장이 되어, 궁금한 정보를 중심으로 지능 검사는 무엇을 측정하는지, 지능이란 무엇인지, 결과를 어떻게 받아들이면 되는지 등에 대해 이야기해 보겠다(덧붙여, 지능 검사의 세부적인 사항에 대해 논하는 것은 이 책의 목적이 아니므로, 더 자세한 내용을 알고 싶다면 다른 도서를 참고하길 바란다).

우선 지능 검사를 받게 되는 계기는, 대개 '학교 수업을 따라가기 어려워서' '집중력이 짧아서' '선생님의 지시를 잘 알아듣지 못해서' 같은 어떤 문제가 있어 발달 상담 기관이나 의료 기관에 진찰을 받으러 갔다가 거기서 권유를 받아 하게 될 때가 많을 것이다.

일본에서 초등학생 이상은 5~16세를 대상으로 한 WISC 검사*, 즉 웩슬러 아동 지능 검사를 사용할 때가 많다. 일반적으로 아동용 검사에서는 이 WISC 검사 수치가 IQ라고 불린다. IQ라는 말은 누구나 들어 봤겠지만, 어떤 검사 방식으로 측정하고 해석하는지에 대해서는 잘 알지 못하는 경우가 많을 것이다.

그래서 여기서는 세계에서 가장 대표적인 아동용 지능 검사 중 하나인 WISC-V를 바탕으로, 지능 검사란 무엇인지 간단히 그 개요를 설명하겠다.

지능이란 무엇인가?

우선 지능이란 무엇인지에 대해 현재 견해를 소개하겠다. WISC 검사(성인용은 WAIS, 웩슬러 성인 지능 검사)의 고안자인 데이비드 웩슬러 박사는 이 검사를 통해 측정하는 '지능'을 '목적에 따라 행동하고, 합리적으로 사고하며, 능력적으로 환경을 효과적으로 처리하는 개인의 종합적·전체적 능력'이라고 정의한다.

일반적으로 '환경에 적응해 나가는 능력'에서 기억, 지각, 이해, 사고, 판단 등을 '사물을 처리하는 능력'이라고 하며, 여기에는 학습 능력, 지식 습득 능력, 사고력, 창조력 등 다양한 능력이 포함되어 있다. 그러나 사실 지능 자체의 개념은 아직 확실히 알려진 바가 없다.

현재는 '단일 형질로서의 지능' '다인자 형질로서의 계층적 구조' '다

● 우리나라에서는 '한국 웩슬러 아동 지능 검사(K-WISC-V)가 활용되고 있다.

중지능' 등의 개념이 제창되어 있으며, 그중에서도 '단일 형질로서의 지능'이라는 개념이 가장 널리 알려져 있다(WAIS나 WISC 등은 이 개념으로 작성되어 있다). 그러나 그게 지능이라는, 누구나 납득할 만한 결론에까지는 이르지 못한 상태다.

예를 들어 WISC의 경우, 7~10종류 정도의 항목으로 측정한 수치를 이용하여 'IQ'를 산출한다. 그러나 본래 인간의 지능은 더 폭넓은 힘을 가지고 있기에, 검사로 측정하는 항목과 실제 지능 사이에는 여러 차이가 발생한다.

물론 지능 검사의 표준화를 위해 수많은 연구자가 참여하여 많은 피험자의 도움을 받아 검사 도구를 만들어 냈기에, 전반적인 지능 수준을 판단하는 것에 있어서는 매우 신뢰도가 높다고 할 수 있다. 다만, 실제 생활을 살아가는 데는 'WISC로 측정할 수 있는 것' 이외의 능력도 얼마든지 많기 때문에, 이러한 것까지 종합하여 볼 필요도 있다.

예를 들자면 기획력, 실행력, 의욕, 사고의 유연성, 임기응변, 대인 커뮤니케이션 능력 등은 WISC로 측정하기 어려운데, 사실 이러한 것이 얼마나 중요한 능력인지는 따로 설명할 필요도 없을 것이다.

따라서 지능 검사의 결과가 그 사람의 능력이라는 것이 아니니, 그 결과치를 가지고 일희일비할 필요가 전혀 없음을 가장 먼저 강조하고 싶다.

지능 검사의 개요

다음으로 WISC-V의 검사 항목을 구체적으로 살펴보자. WISC-V의 검사 항목에는 '전체 지능 지수FSIQ'와 다섯 가지의 척도로 '언어 이해VCI' '시공간VSI' '유동 추론FRI' '작업 기억WMI' '처리 속도PSI'가 있다. 다섯 가지에는 다시 각각 두 개씩 총 열 종류의 하위 척도 검사가 있다. 그뿐만 아니라 다섯 종류의 보조 척도라는 것도 있는데, 이는 필요할 경우 행해지는 검사다.

전체 지능 지수(Full Scale Intelligence Quotient: FSIQ)

전체적인 지능 발달을 표시하는 점수다. 열 종류의 주요 하위 검사 중 일곱 개(공통성, 어휘, 토막 짜기, 행렬 추론, 무게 비교, 숫자, 부호)의 합계에서 산출한다.

① 언어 이해 척도(Verbal Comprehension Index: VCI)

언어에 의한 이해력, 추리력, 사고력과 관련된 척도다. 언어를 중심으로 한 검사로, 사물의 이름이나 말의 이해력, 개념력 등을 측정한다.

• 주요 하위 검사 항목 : 공통성, 어휘

② **시공간 척도(Visual Spatial Index: VSI)**

시각 정보를 처리하는 능력이나 시각 정보를 통해 추리하는 능력에 관한 척도다. 눈으로 본 것에 관한 이해를 중심으로 한 검사로, 실제로 손을 움직여 나무토막으로 모양을 만들거나 퍼즐을 완성하는 데 필요한 조각을 선택하는 검사에 의해 수치가 산출된다.

· 주요 하위 검사 항목 : 토막 짜기, 퍼즐

③ **유동 추론 척도(Fluid Reasoning Index: FRI)**

비언어적 정보의 특징을 파악하고, 관계성이나 규칙성, 암묵적 규칙을 파악하는 능력과 관련한 척도다.

눈으로 본 개념이나 규칙을 추리하는 능력을 측정한다.

· 주요 하위 검사 항목 : 행렬 추리, 무게 비교

④ **작업 기억 척도(Working Memory Index: WMI)**

귀로 듣거나 눈으로 본 정보를 일시적으로 정확히 기억하는 능력과 관련한 척도다. 작업 기억은 작업에 필요한 정보를 일시적으로 처리하는 능력으로 '마음의 메모장'이라고도 부른다. 짧은 시간 동안 마음에 정보를 저장하고, 동시에 처리하는 능력을 일컫는다.

· 주요 하위 검사 항목 : 숫자, 그림 기억

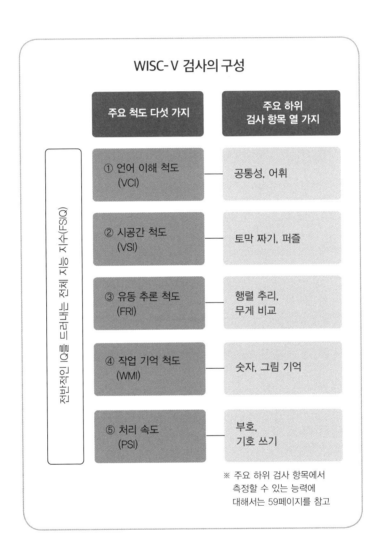

WISC-Ⅴ 검사의 구성

주요 척도 다섯 가지	주요 하위 검사 항목 열 가지
① 언어 이해 척도 (VCI)	공통성, 어휘
② 시공간 척도 (VSI)	토막 짜기, 퍼즐
③ 유동 추론 척도 (FRI)	행렬 추리, 무게 비교
④ 작업 기억 척도 (WMI)	숫자, 그림 기억
⑤ 처리 속도 (PSI)	부호, 기호 쓰기

전반적인 IQ를 드러내는 전체 지능 지수(FSIQ)

※ 주요 하위 검사 항목에서 측정할 수 있는 능력에 대해서는 59페이지를 참고

주요 하위 검사 항목에서 측정되는 능력

주요 하위 검사 항목	출제 내용	측정되는 능력
1. 공통점	공통되는 개념을 가진 두 가지 단어를 말로 전달하고, 그 공통점과 유사점을 답한다.	개념을 이해하고 추리하는 능력
2. 어휘	보여 주는 그림의 이름이나 단어를 읽고 그 의미를 대답한다.	단어의 지식이나 어휘 개념 형성
3. 토막 짜기	예시를 제시하고, 나무토막을 사용하여 같은 모양을 만든다.	추상적인 시각 자극을 분석해서 통합하는 능력
4. 퍼즐	조합했을 때 예시와 똑같아지는 것을 고른다.	시각 자극 분석과 관련된 능력
5. 행렬 추리	일부분이 빈칸으로 되어 있는 도면을 보여 주고, 여기에 맞는 그림이나 기회를 선택지에서 고른다.	유동성 지능이나 시각성 지능, 공간에 관한 능력
6. 무게 비교	저울이 수평을 이루도록 적절한 무게를 선택지에서 고른다.	양적인 추리, 비교 추리 능력
7. 숫자	읽은 숫자를 같은 순서로 따라 읽기, 반대로 읽기, 바꿔 읽기로 대답한다.	기억력과 주의력에 관한 능력
8. 그림 기억	일정 시간 동안 그림을 보여 주고 해답 페이지에 있는 선택지를 통해 대답한다.	시각적인 기억을 유지하는 능력
9. 부호	도형이나 숫자와 짝을 이루는 기호를 옮겨 적는다.	시각적인 인지와 속도에 관한 능력
10. 기호 쓰기	왼쪽에 제시한 기호가 오른쪽의 그룹 중에 있는지 찾는다.	작업 효율이나 집중력에 관한 능력

⑤ 처리 속도(Processing Speed Index: PSI)

얼마나 빨리 사물을 처리할 수 있는지 측정하는 척도다. 시각적인 정보 처리를 검사하게 된다.

- 주요 하위 검사 항목 : 부호, 기호 쓰기

개정 전의 WISC-IV에서는 검사하는 주요 척도가 네 개였다. '지각 처리'라는 척도가 있었지만, 그게 WISC-V에서는 '시공간'과 '유동 추론'이라는 두 척도로 나뉘게 됐다.

지각 처리란, 시각 정보를 처리하는 힘, 시각 정보에서 추리하는 힘을 가리킨다. 쉽게 말해서 '보는 힘'으로, 시각 정보를 얼마나 정확히 잡아낼 수 있는가 하는 능력이다. 이 능력이 약하면, 지도나 그래프를 읽거나 자신이 지금 어디 있는지 위치 관계를 파악하는 일, 도형이나 스케치를 그리는 것을 어려워할 가능성이 있다.

그런데 WISC-IV의 지각 추리에는 '행렬 추리' 등도 포함되어 있어, 단순히 보기만 하는 능력이 아니라 추리 능력도 필요했기 때문에 구분하기 어려운 점이 있었다. 이번 개정에서는 '보는 힘'(시공간)과 '추리력'(유동 추론)으로 나뉘었다.

그 외에도 작업 기억 척도에서는 WISC-IV에 없었던 시각성 작업 기억을 측정하는 하위 검사(그림 기억)가 추가됐다.

신경 심리 피라미드와 지능 검사

WISC 등의 지능 검사에서 보는 뇌 기능의 위치는 다음 페이지에 실린 '신경 심리 피라미드'(뉴욕대학 의료센터 라스크 연구소가 제창)를 보면 이해하기 쉽다.

'신경 심리 피라미드'란, 인지 기능이 계층 구조를 형성한다고 가정하는 것이다. 계층은 9층으로 상정되어, 위층의 '고차원 수준'과 아래층의 '기초 수준'으로 분류되고 맨 꼭대기에는 '자기 동일성'이 자리하고 있다(이전 모델에서는 '자기 깨달음Self-Awareness'으로 되어 있었다). 이에 따르면, 아래 계층은 그 위에 있는 기능에 영향을 준다고 한다. 이 모델의 정당성에 대해서는 검증의 여지가 남아 있으나, 지능 검사의 뇌 기능 위치를 파악하는 데는 도움이 된다고 할 수 있다.

여기서 각층의 상세 내용까지는 언급하지 않겠지만, WISC의 지능 검사는 하위 검사 항목부터 피라미드 그림 중간에 괄호( )로 묶인, '주의와 집중' '커뮤니케이션과 정보 처리' '기억' 그리고 '논리적 사고력, 실행 기능'의 일부 수준을 측정하는 것으로 상정하고 있다. 이 모델에 의하면, 위층은 아래층으로부터 영향을 받으므로 지능 검사 결과는 괄호의 내용을 포함한 아래층의 모든 기능까지 합쳐진 것이 된다.

예를 들어, 아무리 '정보 처리' 능력이 뛰어나다고 해도 최하층인 '의욕'이 없으면, 다시 말해 검사에 대한 의욕이 없으면 검사 결과는

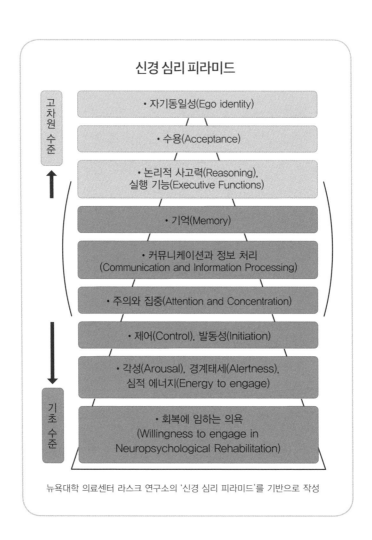

신경 심리 피라미드

고차원 수준

• 자기동일성(Ego identity)

• 수용(Acceptance)

• 논리적 사고력(Reasoning),
실행 기능(Executive Functions)

• 기억(Memory)

• 커뮤니케이션과 정보 처리
(Communication and Information Processing)

• 주의와 집중(Attention and Concentration)

• 제어(Control), 발동성(Initiation)

• 각성(Arousal), 경계태세(Alertness),
심적 에너지(Energy to engage)

기초 수준

• 회복에 임하는 의욕
(Willingness to engage in
Neuropsychological Rehabilitation)

뉴욕대학 의료센터 라스크 연구소의 '신경 심리 피라미드'를 기반으로 작성

낮게 나올 수밖에 없다.

그러나 괄호의 내용보다 위에 있는 층을 예로 들자면, 최근 주목받는 '실행 기능' 등은 지능 검사와 크게 관계가 없다고 해석된다. 물론 위층부터 아래층으로 작용하는 것도 있지만, WISC 검사에서 실행 기능까지 정확히 측정하는 건 다소 어렵다.

우리를 움직이는 지령탑인 '실행 기능'

실행 기능은 '목표를 설정해서 그 과정을 계획하고 실행해 나가는' 일련의 흐름으로, 쉽게 말해 인간을 움직이게 하는 '사령탑'과 같다. 이 덕분에 우리는 일상생활 속에서 여러 경험(기억'의 층 등)과 대조하여 '이렇게 해 보자'라고 아이디어를 내거나 계획을 세워 실행할 수 있다.

즉, 실행 기능은 인간이 생활하는 데 있어 학교에서도, 직장에서도, 가정에서도 어디든 빼놓을 수 없다. 학교생활에서는 여름방학 숙제를 계획적으로 끝내 개학 날 제출하는 것이나, 내일 시간표를 파악해서 수업에 필요한 준비물을 갖추는 것 등이 해당된다.

그리고 사령탑에서 내리는 명령을 기초로 여러 처리를 하는 것이 바로 '정보 처리'의 층인데, WISC는 주로 이 부근의 능력을 측정한다('정보 처리'를 빠르고 효율적으로 행하려면 그 아래의 '주의와 집중' 층을 반드시 갖춰야 한다).

만약 어떠한 사고로 인해 머리에 외상을 입어 '실행 기능'에 장애가 생기는 고차 뇌 기능 장애에 빠지면, 계획을 잘 세우지 못하는 등 사고 전과 같은 일상생활을 보내기 어려울 수 있다. 그런데 지능 검사는 그보다 하위에 있는 층을 측정하기에, 사고 전후로는 IQ 수치에 큰 차이가 없을 때도 있다. IQ는 높은 상태 그대로지만, 일상생활에서는 여러 가지 지장이 생기는 고차 뇌 기능 장애가 이해를 받기 어려운 이유기도 하다.

지능 검사 결과에는 그런 다양한 배경이 있으므로 '지능 검사 결과가 곧 지적 능력'이라는 말은 어느 정도 부정확하다고 이해하는 것이 좋다.

IQ는 높지만 일 처리를 못하는 아이,
IQ는 낮지만 일 처리를 잘하는 아이

신경 심리 피라미드 모델에서 봤을 때, 설령 '정보 처리' 층의 능력이 높다고 하더라도 그 위의 사령탑인 '실행 기능' 등이 약한 사람도 존재한다. 그런 사람은 공부는 잘해도 어떤 일을 처리하는 데 유연하지 못할 때가 있다.

반대로 '정보 처리' 층의 능력이 낮더라도 그 위의 사령탑인 '실행 기능' 등이 비교적 잘 돌아가는 사람도 있다. 그런 사람은 공부가 서툴러도 의외로 어떤 일을 요령 있게 처리하거나 눈치가 있고, 놀라운 재치를 발휘하기도 한다. 지능 검사로 산출된 IQ가 낮더라도 일 처리를 잘하고 사회에 나가서도 세상살이를 유연하게 해내는 사람도 얼마든지 있는 것이다.

이처럼 IQ는 높아도 일 처리를 못하는 아이, IQ는 낮아도 일 처리를 잘하는 아이의 특징은 지능 검사만으로는 알아내기 어렵다. 다시 말해, 눈치가 있고 기발한 생각을 해내는 등, 실제 사회가 필요로 하는 요소는 지능 검사만으로 쉽게 측정할 수가 없다는 뜻이다.

또한 자폐 스펙트럼을 가진 사람 중에서는 정보 처리 능력이 뛰어나고 IQ도 높은데도, 위에 있는 사령탑이 약해서 전체적으로 요령이 부족하고, 사회생활을 잘하지 못해 어려움을 겪는 이들도 있다.

검사 결과를 문제 개선의 힌트로 삼아라

지금까지 WISC 검사는 인간의 일부 능력을 측정한다고 설명했는데, 한편으로는 이 검사를 통해 학습 부진의 원인을 찾는 유용한 정보를 얻을 수도 있다. 여기서 WISC 검사의 상세 내용을 설명하는 것은 이 책의 취지와는 맞지 않으므로, 다음 두 가지 사례를 들어 어떤 것을 알아낼 수 있는지 살펴보도록 하자.

시간 내에 숙제나 시험 문제를 못 푸는 Y군

초등학생 Y군은 시간 안에 숙제를 다 해내는 것이 매우 서툴다. 반 친구들 모두가 계산 문제를 풀 때, 혼자 마지막까지 못 풀고 남을 때가 많다. 시험에서는 늘 마지막 문제까지 풀지를 못한다.

수업 중에는 선생님이 칠판에 적은 글자를 다 옮겨 적지 못해서 쉬는 시간까지 적고 있거나, 필기를 하다가 말 때도 종종 있다.

Y군은 WISC 검사를 받고 보니 '처리 속도'가 낮다는 결과가 나왔다. 그때까지 Y군의 어머니는 '수업 중 다른 데 한눈을 파느라 필기를 못하는 걸까? 아이가 제대로 수업을 듣고 있나?' 하고 걱정했다고 한다.

수업은 성실하게 듣는데 왜 숙제를 해내지 못하는가에 대해 이제는 '대체 어떻게 하면 좋을까?' 하는 고민을 해 봐야 할 것이다.

글자나 계산, 선생님의 지시를 기억하지 못하는 M양

초등학생 M양은 글자나 계산이 어렵다. 배워놓고는 금방 잊고 만다. 또한 선생님의 지시를 잘 알아듣지 못하고, 주변을 두리번거리다가 다음에 뭘 하면 좋을지 이해하려고 애쓸 때도 있다.

그뿐만 아니라 문장을 의미 덩어리로 이해하지 못하고, 소리 내어 글을 읽는 걸 잘하지 못한다. 문장을 읽는 것에만 정신이 쏠려 내용이 머릿속에 들어오지 않는다. 글의 내용을 이해하는 것도 힘들어한다.

M양의 경우, '작업 기억'이 낮다는 결과가 나왔다. 사실 M양은 덧셈 뺄셈의 받아올림과 받아내림 계산을 못하고, 칠판에 적힌 글을 옮겨 적지 못하거나 물건을 깜박하는 일도 많았다.

M양은 '처리 속도 척도'인 부호나 기호 찾기는 평균 이상으로 해낼 수 있지만, '작업 기억 척도'인 숫자에 약한 것으로 보아 귀로 숫자를 듣고 기억하는 '듣기 능력'이 약한 것이 아닌가 추정할 수 있다.

그 외에 주요 척도가 낮은 경우 생기는 '문제점'은 아래와 같다.
- '언어 이해'가 낮으면, 지식이나 어휘력이 부족하고 교사의 지시를 이해하지 못하거나 남에게 설명을 잘하지 못한다.
- '시공간'이 낮으면, 시각을 통해 얻은 정보를 받아들이는 데 어려움을 느껴 그림이나 표, 지도 등을 잘 읽어 내지 못한다.
- '유동 추론'이 낮으면, 문제 개념을 이해하거나 논리적인 생각을 어려워한다.

그런데 예를 들어 전체 지능 지수 FSIQ에서 IQ 95라는 결과가 나왔다고 하자. 95라면 평균인 100에 가까우므로, 겉으로 큰 문제가 없어 보인다. 그러나 그런 아이에게 행동이나 학습상 문제가 있다고 가정해 보자. 그럴 경우, 다섯 개의 각 척도 값이나 열 종류의 하위 검사 값 중에서 어떤 항목의 값이 크고 어떤 값이 작은지 분포 상태를 보고, 발달 장애 가능성까지 시야에 넣어 추가적인 심리 검사를 실시해야 할 때도 있다.

이외에도 아이에게 아래와 같은 문제점이 보일 때, WISC의 하위 항목 중 낮은 수치를 가진 어떤 것과 관련이 있을 수도 있다.

- 칠판에 적힌 글을 옮겨 적는 데 시간이 걸린다.
- 글자나 계산을 익히는 데 어려움을 겪는다.
- 교사의 지시를 잘 이해하지 못한다.
- 문장을 술술 읽지 못한다.
- 문장 이해를 어려워한다.
- 집중력이 잘 끊긴다.

이런 경우, 심리 검사를 실시한 심리 전문가에게 의견을 듣거나 학습하거나 생활할 때 어떻게 하면 좋을지 조언을 구할 수 있다.

한편, 지능 검사의 결과를 해석할 때 주의할 점도 있다. 이는 다음에서 소개하고자 한다.

지능 검사의 주의점

먼저, WISC 결과를 구체적으로 어떻게 학습 지원과 연관 지으면 좋을지 파악하기란 매우 어렵다.

예를 들어서, '처리 속도(혹은 작업 기억)의 부족이 원인이었다'라는 것을 알게 되어도 보호자나 교사가 구체적으로 어떻게 대응해야 좋을까? 처리 속도가 느리면 '과제 수행에 시간이 많이 걸린다'는 것을 알 수 있다. 그러나 처리 속도를 높이려면 구체적으로 어떤 방법을 활용해야 좋을지는 짐작할 수가 없다. 또한 작업 기억이 낮다는 게 밝혀져도, 아이가 학습의 어떤 부분에서 어려움을 느끼고 그게 어떻게 관련되어 있는지 직감적으로 이해하기도 힘들 것이다.

그럴 수밖에 없는 이유는, 사실 WISC 등의 지능 검사는 원래 학습에 어려움을 느끼는 이유를 찾아내기 위해 개발된 것이 아니기 때문이다. 이런 검사는 어디까지나 지능 수준을 객관적으로 측정하기 위해 만들어진 것이다.

지능 검사의 개발 역사를 살펴보면, 19세기 중반부터 일반 아동과 지적 장애 아동을 구별하여 지적 장애 아동에게 특별한 교육을 받게 해야 한다는 필요성이 제기되기 시작했다. 그러던 중, 프랑스의 심리학자 알프레드 비네가 과학적 방법으로 객관적인 지능 정도를 단계화한 지능 검사법인 '지적 검사 1905년법'을 개발하여, 세계적으로 주목을 받게 됐다. 그리고 이어서 미국의 루이스 터먼이 지능 지수(IQ)를 고안하여, 연령에 따라 IQ가 정규 분포함을 발견했다. 그 이후, 지능의 정도를 IQ로 구분하게 됐다.

이렇게 WISC 등의 결과는 지능 수준을 조사하는 데는 유용하지만, 학습면에 문제를 갖고 있는 아이에게 각 교과의 어떤 부분에서 어떠한 어려움을 느끼는지, 그리고 어떤 구체적인 학습 지원을 고안해야 할지 같은 점까지는 대응하지 못하는 게 현실이다.

따라서 지능 검사를 통해 어린이에게 지적 문제가 있음이 밝혀지고 그로 인해 학습 부진이 생길 가능성에 대해 설명을 들어도, '그럼 구체적으로 어떻게 해야 하는가?'라는 의문에 답을 하지 못한다면 상황에 따라 보호자의 불안만 커질 수도 있다.

그뿐만 아니라 지능 검사를 통해 알아내지 못하는 문제점에도 주의를 기울일 필요가 있다. 예를 들어, 학습 장애가 있다 해도, 정의상 지능에는 아무런 문제가 없을 수 있다. 학습 장애는 읽기 쓰기 능력이나 계산력 등 산수 기능 등이 저하된 발달 장애의 일종으로, 학습과 관련된 중추신경 기능이 잘 작동되지 않는 상태다.

읽기가 서툴고 계산에 어려움을 느낀다는 학습적인 문제가 있다고 하더라도, IQ가 일정 수준 이상인 동시에 하위 항목 분포에 큰 불규칙성이 보이지 않는 경우도 있다. 그럴 때, 학습 장애 쪽을 적극적으로 조사하지 않으면 '문제없음'으로 판명이 날 가능성도 충분히 있다. 그렇게 되면 지능 검사를 받았을 때 오히려 지원 범위에서 벗어날 우려가 생겨난다.

또한 학습 장애가 아니더라도 지능의 수치가 90 이상이며 다섯 개 척도나 열 종류의 하위 검사에서 크게 낮은 점이 발견되지 않는다면 '이 아이는 지적으로 큰 문제가 없다'라고 판명이 나게 된다. 그래서 어떠한 문제점이 있다 해도, 보호자나 학교 교사는 앞으로의 문제 해결법을 찾기가 매우 어려워진다.

바로 그러한 예를 소개하겠다.

지능 검사에서는 문제가 없었으나 성적은 나쁜 S군

초등학교 6학년인 S군은 여섯 살 때 자폐 스펙트럼과 ADHD 진단을 받았다. 여섯 살 때는 조대운동粗大運動(앉기, 서기, 걷기 등 생활하는 데 필요한 동작)이나 글자 쓰기, 부주의, 집단행동에 어려움이 있고, 소리에 과민하게 반응하는 증상이 있었다. 그러나 현재는 거의 그러한 문제는 보이지 않는다.

지능 검사(WISC-IV) 결과는 전체 지능 지수는 97, 언어 이해 105, 지각 추리 98, 작업 기억 91, 처리 속도 94로 나왔으며 큰 문제는 찾아볼 수 없었다. 그런데도 학교 수업을 따라가기 어려워했고, 성적이 좋지 않았다.

그래서 제3장에서 소개하게 될 코그 트레(인지 기능 강화 트레이닝) 과제 시트를 실시해 보니, 다음과 같은 문제점을 찾아볼 수 있었다.

• 부주의한 실수('기호 찾기' 과제)

• 수의 합계(양) 개념의 미획득('합계' 과제)

• 도형 인식에 대한 어려움('검은색 색칠 도형' 과제)

S군의 경우, 인지 기능 중 몇 곳에 약점이 있는 것으로 드러났다.

지능 검사만으로는 이러한 문제를 파악하기 어려울 수 있다. 여기서 주의해야 할 것은 지적으로는 아무런 문제가 없는데도 학습에 어려움을 느끼면, 가정 환경이나 개인의 의욕 등의 문제 등으로 억측하기 쉽다는 점이다.

지금까지 내가 접해 온 여러 사례에서도 S군처럼 지능 검사를 하면 90 이상의 점수가 나오는데도 학교 수업을 제대로 따라가지 못하는 아이가 적지 않았다. 지능 검사를 통해 일부 학습 능력 수준은 측정할 수 있지만, 반대로 학습과 관련된 문제를 파악하기엔 어려운 점도 있다. 그러한 경우, 지능 검사와 함께 추가로 평가할 수 있는 도구가 없으면 지원 방침을 마련하기가 힘들어질 때가 많다.

가정이나 학교에서 할 수 있는 발달 진단

지금까지 지능 검사의 대표 격이라고 할 수 있는 WISC를 소개했는데, 지능이나 인지 기능을 평가하는 전문적 검사는 그 외에도 많이 있다.

지능 검사라고 하면 비네식 지능 검사, 루리아 신경심리학 모델에서 만들어진 DN-CAS 인지 평가 시스템, KABC-Ⅱ 등이 대표적이다. 발달 검사에서는 신판 K식 발달 검사*, 인지 기능 검사에서는 프로스틱 시지각 발달 검사, 실행 기능을 평가하는 일본판 BADSBehavioral

Assessment of Dysexecutive Syndrome 실행기능 장애증후군 행동평가, 그 외에도 기억 검사나 주의 검사 등 대상이나 목적에 따라 다양한 검사가 있다.

이러한 전문적 검사를 받아 조금이라도 아이의 특성을 파악하면 좋겠지만, 적절한 검사와 평가를 받을 수 있는 기관(의료 기관이나 발달 상담 센터, 교육 센터 등)은 한정되어 있고 시간과 노력도 많이 든다. 또한 아무리 내 아이의 발달 상태를 알고 싶어도 학습 상태가 궁금하다는 것 정도로는 의료 기관까지 검사를 받으러 갈 결심이 서지 않을지도 모른다. 한편, 학교 현장에서 눈길이 가는 아이가 있어도 적합한 기관에서 검사를 받으려면 보호자에게 설명하고 동의를 받아야 할 필요도 있다.

이렇게 아이의 발달 상황이 궁금하지만 전문적 검사를 받는 것까지는 쉽게 접근하지 못하는 보호자나 교사를 위해 발달 상태를 어느 정도 확인할 수 있는 간단한 방법을 소개하겠다. 하지만 어디까지나 눈대중에 불과한 것이므로, 더 자세한 것을 알고자 한다면 전문 기관과 상담하길 권한다.

- 우리나라의 대표적인 영유아 발달 검사로는 K-DST(한국 영유아 발달 선별 검사)가 있으며, 영유아의 대근육 및 소근육 운동, 인지, 언어, 사회성, 자조 등의 능력이 잘 발달하고 있는지 검사한다.

도형 따라 그리기를 통해 알아보는
발달 기준 연령

① 정사각형, 삼각형, 사다리꼴, 별 모양을 그릴 수 있는 기준 연령

어린이에게 다음과 같은 정사각형, 삼각형, 마름모꼴, 별 모양의 예시를 보여 주면서 그리게 한다. 아래쪽 형태로 내려갈수록 난이도가 높아진다.

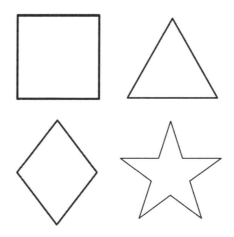

이러한 도형을 제대로 그릴 수 있는지 확인하면 된다. 주로 모서리가 둥글지는 않은지, 가로세로의 길이 비율이 크게 차이 나지는 않은지, 직선이 구부러져 있지는 않은지를 살펴본다.

평균적인 발달 상태인 경우, 정사각형은 4~5세, 삼각형은 5~6세, 마름모꼴은 7~8세 정도에서 그릴 수 있다. 별 모양에는 정확한 기준 연

령이 있지 않지만, 끝부분이 둥그스름하게 되어 있지 않은지 확인하면
된다. 이러한 도형을 그릴 줄 알면 더 나아가 정육면체나 벌집 모양을
그리게 한다.

② 정육면체나 벌집 모양을 그릴 수 있는 기준 연령

정육면체나 벌집 모양은 대략적으로 8~9세 정도가 그릴 수 있다.

정육면체는 안쪽으로 들어간 깊이를 파악하지 못하면 단순히 사각
형이 모여 있는 것처럼 ①~③과 같은 그림을 그리게 된다. ④~⑥은
예시를 입체적으로 보고는 있으나, ④는 윗면을 제대로 잡아내지 못
해 아래에서 본 듯한 각도가 되어 있다. ⑤와 ⑥은 윗면과 아랫면을
제대로 인식하지 못해 오각형이나 삼각형처럼 보인다.

벌집 모양은 육각형의 집합체를 따라 그리는 것인데, 이걸 잘 그리
려면 우선 육각형이 모여 있다는 점, 그리고 육각형의 각 모서리가 공
유되고 있음을 이해해야 한다. 그 두 가지를 이해하지 못하면 벌집으
로 보이지 않는 그림을 그리게 된다. 육각형을 따라 그리지 못하면 ①
과 같은 모서리가 둥근 돌멩이 형태가 되기도 하고, ②처럼 집게발 형
태가 섞이기도 하며, ③처럼 마름모꼴이 되기도 한다. ④~⑥은 육각
형임은 인지하고 있으나 각 모서리가 공유되지 않은 채 빈틈을 보이
고 있다.

정육면체의 예시

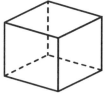

① 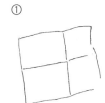   ② 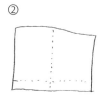   ③

④    ⑤    ⑥

(교육 상담이나 진찰실에서 어린이가 그린 것을 저자가 재현함)

벌집 모양의 예시

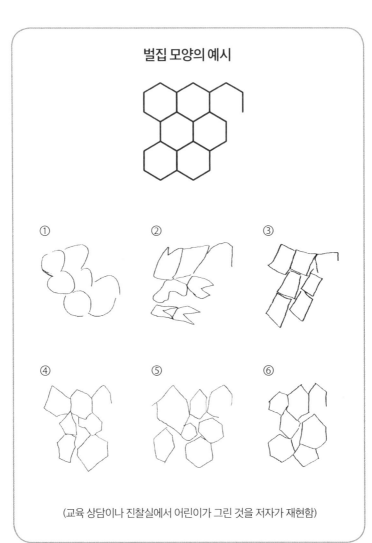

(교육 상담이나 진찰실에서 어린이가 그린 것을 저자가 재현함)

숫자나 단어, 짧은 문장 복창으로
'듣기 능력'을 확인한다

① 숫자의 복창

숫자를 무작위적으로, 예를 들어서 '3, 6, 9, 2' 같은 방식으로 천천히 1초 간격으로 소리 내어 말한다. 아이에게 그 숫자를 순서대로 복창하게 한다.

6~7세까지 다섯 자리, 9~10세까지 여섯 자리를 복창할 수 있는지가 평균적인 발달 과정 여부를 살피는 대략적 기준이 된다. 또한 순서를 반대로 읽는 '역창逆唱'은 8~9세까지는 네 자릿수의 숫자를 말할 수 있으면 된다(아까의 예로 보자면 '2, 9, 6, 3'이 된다).

② 단어의 복창

각각 아무런 관계가 없는 단어를, 예를 들어서 '사과, 파란색, 지우개, 곰' 같은 단어를 천천히 1초 간격으로 읽으며 몇 단어까지 같은 순서로 정확히 복창할 수 있는지 확인한다. 9세까지는 네 개 단어, 그 이상의 연령에서는 다섯 개 단어 이상 말할 수 있는지가 대략적 기준이 된다.

③ 짧은 문장의 복창

아무런 의미가 없는 짧은 문장, 예를 들어 '연필은 가위를 아기 돼

지로 만들었다' '비행기는 꽃밭을 분홍색으로 만들었다' 같은 의미 없는 문장이나 '수학 교과서 15페이지의 3번 문제를 풀어 보세요'처럼 짧은 문장을 읽어 복창하게 한다. 이를 복창할 수 없는 아이는 일상생활에서 지시를 알아듣지 못할 가능성이 있다.

어느 정도 알아듣는지를 살펴봐야 한다. 예를 들어서 아이가 '수학 교과서 15페이지 3번 문제를 해 보세요'라고 바꿔 말하거나 '수학 연습문제 15페이지… 어어?' 하고 마지막까지 제대로 알아듣지 못한 건 아닌지 확인해 보자.

만약 아이가 잘 알아듣지 못한다는 것을 확인하면, 지시를 내릴 때 긴 문장이 아니라 한 문장을 짧게 말해 주거나, 한 번에 몇 가지의 지시를 내리지 않는 식으로 어른이 배려해 주면 좋다.

잘못 알아듣는 경우가 많은 N양

초등학교 3학년인 N양은 수업 중에 등을 곧게 펴고 선생님의 말씀을 조용히 들으며 차분한 수업 태도를 보인다. 그런데도 선생님이 한 말을 기억하지 못하거나 금방 되묻기도 한다. 잘못 알아들을 때도 많아서, 예를 들어 '가토'라는 이름을 '사토'로 알아듣거나 '2시 반'을 '4시 반'으로 착각한다. 또한 '코알라'를 '코아라'라고 알고 있기도 했다.

얼마 전에는 선생님이 '내일모레 아침에 체육관으로 모여 주세요'라고 한 말을 잘못 기억하고, 다음 날 아침 혼자 체육관으로 등교하기도 했다.

청력 검사에서 아무런 문제가 없어도 N양처럼 말을 알아듣는 데 어려움을 겪는 아이가 있다. N양은 귀의 기능적인 작용에는 이상이 없지만, 뇌에서 언어 처리를 하는 '청각 인지'에 부진함이 있을지도 모른다. 학교에서는 주로 시각 정보와 청각 정보를 합쳐 학습이 이루어진다. 그래서 말을 잘 알아듣지 못하거나 선생님 혹은 친구들이 하는 이야기 내용을 이해하지 못해 지시와 다른 이상한 행동을 보일 때가 있다.

알아들을 수 있는 정도가
두 단어, 세 단어, 아니면 그 이상?

초등학생이라도 학년이 올라가면 아이들은 교사가 말로 하는 설명만으로도 행동할 수 있게 된다. 예를 들어 '이번에 합창 대회 아침 연습은 체육관에서 할 거예요. 책가방이나 다른 짐을 그대로 가지고 와도 됩니다. 내일모레 아침에는 체육관으로 모이세요'라는 선생님의 지시에 대해 N양은 '아침에는 체육관으로 모이기…' 정도만 알아듣고 끝났을 것이다.

듣기 능력이 부족한 원인으로는 언어성의 '작업 기억'(57페이지)이 약해서라는 점도 고려해 볼 수 있다. 이 부분이 약하면 길게 말했을 때 처음 들었던 내용만으로도 용량 과다가 되어 넘치게(기억에 남지 않음) 되고 만다.

그럼 아까 N양은 얼마만큼 말을 알아들었을까?

두 단어, 세 단어, 아니면 그 이상? 만약 두세 단어 정도만 이해한다면, 지도나 약속 사항은 짧게 전달해야 한다('내일모레 아침, 체육관이야'). 혹은 말을 몇 덩어리로 나누거나 본인에게도 복창하게 하는 방법으로 제대로 이해하고 있는지 확인해 보는 것이 좋다.

'내일모레 아침' '체육관'이라는 핵심 단어를 칠판에 적어, 시각적으로 알기 쉽게 설명하는 것도 효과적일 것이다.

만약 지시대로 행동하지 못하더라도 '제대로 듣긴 했니?' '왜 다른 애들처럼 하지 못하니?' 같은 꾸중은 절대로 안 된다. 아이를 위축시킬 뿐만 아니라 기억하지 못해도 기억하는 척을 하게 되어, 더욱 그 아이의 문제를 알아차리기 어렵게 되므로 주의해야 한다.

어린이가 겪는 학습의 어려움이 보호자와 공유되지 않는 이유

교실을 뛰쳐나가 버린다거나 금방 화를 내기도 하고, 물건을 잘 깜박하는 등 행동 면에서 문제가 있는 아이라면 금방 눈에 띄어서, 교사도 '보호자와 정보 공유를 하자' '빨리 문제 대응을 해야겠다'라는 필요성을 느끼게 된다. 교실을 뛰쳐나간 아이를 그냥 내버려둔 채 수업을 진행할 수도 없고, 화가 나서 날뛰는 아이를 놔둔 상태로는 차분한 학급 운영은 할 수 없을 테니 말이다.

그럼 항상 얌전히 앉아 수업을 듣는 아이에게 다음과 같은 학습의 어려움이 있는 경우는 어떨까.

- 칠판에 적힌 글자, 기호, 그림 등을 노트에 정확히 옮겨 적지 못한다.
- 옮겨 적고 있는 노트의 선이나 모눈에 맞춰 쓰지 못한다.
- 글자를 기억하지 못하며, 받아쓰기를 못한다.
- 수학 문제에서 계산 실수가 잦다.
- 학급 전체를 대상으로 말했는데도, 제대로 알아듣지 못할 때가 많다.
- 천천히 생각해 보면 알 수 있는데, 서두르느라 오답이 많다.

이러한 현상들은 학급 운영상 잘 보이지 않을뿐더러 교사도 당장 곤란해할 문제가 아니다. 그럴 경우, 교사는 보호자와 문제를 공유하지 않고 그저 '상태를 지켜보자'라는 태도로 일관하게 될 때가 있다. 개별적으로 지도하고 싶어도 바빠서 시간을 낼 수 없거나, 교사 자신이 구체적으로 어떻게 지도하면 좋을지 알 수 없기 때문이다.

현재 나는 어느 지자체에서 교육 상담을 진행하고 있는데, 학습에 어떤 어려움이 있더라도 지도나 지원으로 이어지지 않는 아이들이 많다는 사실에 놀랐다. 전문 기관(의료 기관이나 발달 상담 센터, 교육 센터 등)도 조금씩 늘어나고 있으므로 아이의 상태가 염려된다면 학교 교사와 상담한 후, 전문 기관에서 진단을 받아보는 것을 고려해 보길 바란다.

제 **3** 장

왜 교과 학습보다
인지 기능이 더 중요한가?

다섯 가지 인지 기능이
'학습의 토대'가 된다

이 장에서는 인지 기능의 중요성과 인지 기능을 강화하기 위한 구체적인 대책을 소개하겠다. 인지 기능은 전문가에 따라 다양한 정의가 있지만, 이 책에서는 ① 기억, ② 언어 이해, ③ 주의, ④ 지각, ⑤ 추론 · 판단(상상하는 능력)의 다섯 가지로 이루어지는 것으로 보고 있다. 쉽게 말하자면 보고, 듣고, 보이지 않는 것을 상상하는 능력으로, 사람이 더욱 유연히 살아가기 위해 필요한 능력이라고 할 수 있겠다.

이 다섯 가지의 인지 기능은 학교뿐 아니라 일상적인 곳 어디에서나 사용되고, 다음의 그림처럼 소위 말해 '학습의 토대'가 된다. 다섯 가지 중 하나라도 약하면 정보를 잘 받아들이지 못하기 때문에 학습의 어려움으로 이어지고 만다.

인지 기능이 학습 토대가 된다는 간단한 예를 하나 살펴보자. 예를 들어, 수업 중 교사가 이런 문제를 냈다고 하자.

"여러분, 선생님 말을 잘 들어 보세요. A는 사과를 다섯 개 갖고 있습니다. 세 개를 주면 A가 가진 사과는 전부 몇 개가 될까요?"

여기에 답하려면 우선 선생님의 이야기에 '주의'를 기울여야 한다. 멍하게 넋을 놓고 있거나 바깥을 보고 있거나 혹은 졸고 있었다면 못 알아들었을 것이다.

다음으로 선생님의 이야기를 제대로 알아들어 '지각'하고, 개수를

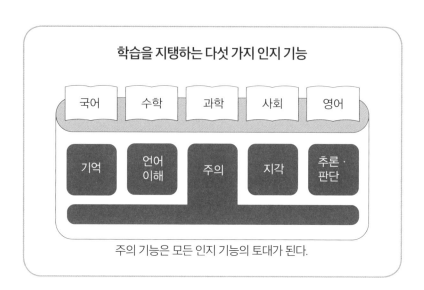

학습을 지탱하는 다섯 가지 인지 기능

국어　수학　과학　사회　영어

기억　언어 이해　주의　지각　추론·판단

주의 기능은 모든 인지 기능의 토대가 된다.

잊지 않도록 '기억'해야 한다. 또한 선생님이 말한 문제의 '언어 이해'
도 필요하다. 그렇게 답을 생각하며, 암산하기 위해서는 다른 생각은
하지 말고 계산에 '주의(집중)'도 해야 한다.

　그뿐만 아니라 이 문제는 두 가지 해석을 할 수 있다.

　'사과를 다섯 개 갖고 있는데, 누가 사과를 세 개 더 주는가?'

　'사과를 다섯 개 갖고 있는데, 누구에게 사과를 주는가?'

　그래서 선생님이 어느 쪽을 의도한 것인지 '추론·판단'할 필요가
있다. 즉, 선생님이 말로 낸 문제를 풀기 위해서는 다섯 가지 인지 기
능을 풀가동해야 한다는 뜻이다.

　만약 다섯 개 중 하나라도 약하다면, 이 간단한 문제를 풀 수 없다.

게다가 각 교과목은 더욱 난이도가 높다. 학습에 어려움을 느끼는 아이는 이러한 인지 기능 작용 중 어딘가에 혹은 여러 곳에 약점을 갖고 있을 가능성이 있다. 바로 여기에 인지 기능의 중요성이 있는 것이다.

칠판에 적힌 글을 따라 적거나 받아쓰기를 못하는 J군

중학생인 J군은 학교 수업을 따라가는 게 너무 힘들다.

초등학생 때부터 칠판에 적힌 문장을 노트에 받아 적는 것을 잘하지 못했다. 한 글자씩 칠판과 노트를 번갈아 보며 필사적으로 옮겨 적어도, 선생님이 흰 분필로 더 글을 적기만 하면 자기가 어디까지 적었는지 혼란스러워한다. 잘못 받아 적는 일도 많고, 글자가 엉망진창으로 정돈조차 되지 않는다. 몇 번이나 잘못 썼다가 지우길 반복한다. 그뿐만 아니라 글자를 기억하는 것이나 쓰는 것 자체에도 어려움을 느낀다.

다음 그림은 J군이 예시로 제시된 정육면체를 보며 따라 그린 것이다(정육면체를 그릴 수 있는 나이는 대략 8~9세 정도를 기준으로 잡는다).

예시

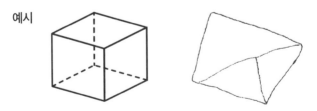

깊이감을 잡지 못해서 정육면체가 아니라 마치 삼각형이 모여 있는 듯한 그림이 됐다. 이걸 보면 보고 따라 그리는 능력이 약하다는 것을 알 수 있다. 따라 옮겨서 그리려면 형태를 인식 및 파악하여 묘사할 수 있는 '시각 인지 기초력'이 필요하다. 이를 아까 전의 분류로 따져본다면 '지각'에 해당하는 능력이다.

J군은 결코 장난으로 이렇게 그린 것이 아니라 "어, 왜 이러지?"라고 하면서도 열심히 그림을 그렸다. 그 모습을 본 나는 중학교의 어려운 교과목을 학습하기 전에 이처럼 정육면체를 제대로 그릴 줄 아는 힘, 다시 말해 '학습의 토대'를 만드는 게 더 필요하지 않을까 하는 생각을 했다.

간단한 그림 묘사도 잘하지 못하는데 방정식을 풀고 영어 단어를 외우고 쓰는 일은 J군에게 상당히 어려우리라고 쉽게 상상할 수 있다.

기초 체력 다지기와 같은
'인지 기능 강화 훈련'

내가 하는 초등학생 교육 상담에서는 '수업을 따라가기 어렵다' '선생님의 지시 사항을 잘 알아듣지 못한다' '계산을 못하겠다' '문장을 못 읽겠다' '글자를 기억하지 못한다' 등, 발달이나 학습에서의 부진에 관한 내용이 대부분이다. 같이 찾아온 보호자도 이 문제를 해결하기 위해 정보를 수집하거나 여러 교재를 써보기도 하지만, 근본적으로 아이가 해내지 못하는 이유나 해결법을 알지 못하고 '왜 아이가 공부를 못하지?'라고 난처해하는 사람이 매우 많다.

언제부터 학습 부진이 생겼는지를 살펴보면, 주로 초등학교 2, 3학년이 많다. 그때 아이에게 지능 검사를 해 보면, 대개 경계성 지능(그중에는 가끔 경도 지적 장애)이 나오는 경우가 잦다. 그런 아이들에게는 흔히 보고, 듣고, 집중하고, 기억하고, 상상하는 '학습의 토대'가 확실히 잡혀 있지 않은 경향이 나타난다. 계산이나 글자 연습 등의 교과 학습을 아무리 시켜도 좀처럼 실력이 정착되지 않고, 아이도 괴롭고 자신감만 잃는 경우가 많다. 체육에 빗대자면 기초 체력이 갖춰지지 않은 아이에게 잘하지도 못하는 철봉이나 뜀틀 연습을 시켜봤자 실력이 늘지 못하는 것과 같다고 할 수 있다.

그런 상황을 보호자에게 설명하면 이런 반응을 보이곤 한다.

"우리 아이가 수업 중에 멍하게 있는 건 수업을 이해하지 못해서였군요."

"공부 못하는 게 의욕이 없어서 그런 줄 알았어요. 그런데 저는 노력이 부족하다고 혼내기만 했네요."

그중에는 이제까지 힘들었을 아이의 고통을 생각하며 그 마음에 다가가지 못한 것에 후회의 눈물을 흘리는 보호자도 있었다. 그리고 나서 꼭 이런 질문을 던진다.

'학습의 토대'가 확실히 잡혀 있어야
교과 학습이 이루어진다

학습의 토대 = 인지 기능

"보는 힘이 약하다는 건 알겠어요. 그럼 어떻게 하면 좋을까요?"

그 질문에 답하기 위해 개발된 것이 바로 이제부터 설명할 학습면의 '코그 트레', 즉 인지 기능 강화 트레이닝이다.

인지 기능 강화 훈련 '코그 트레'

지금으로부터 약 15년 전에도 서점에 가면 '보는 힘' '듣는 힘'을 기른다는 내용의 교재나 서적을 찾아볼 수 있었다. 그러나 통일감 없이 제각각 분리된 것들로, 통합적으로 학습에 필요한 인지 기능의 힘을 키우는 것은 아니었다. 혹은 컴퓨터를 사용한 고가의 학습 소프트웨어나 온라인 교재의 형태를 취하는 등, 누구나 편하게 사용할 만한 것은 찾아볼 수가 없었다. 그래서 나는 '직접 교재를 만들 수밖에 없다!'라고 결심하게 됐다.

그 이후, 시간이 날 때마다 교재 제작에 힘을 기울였고, 구상해서 완성할 때까지 약 5년이나 걸렸다. 그리고 800매짜리 프린트물이 완성됐다(후에 이 프린트물 원고는 『코그 트레 보고, 듣고, 상상하기 위한 인지 기능 강화 트레이닝』(미와쇼텐)으로 출간하게 됐다).

그게 바로 현재 '코그 트레'라고 불리는, 학습에 어려움을 겪는 아이들을 위한 포괄적 지원 프로그램의 원형이었다. 코그 트레는 '인지 기능Cognitive Function'과 '트레이닝Training'이라는 단어를 합쳐 만든 줄임말이다. 이 코그 트레는 주로 초, 중학교를 중심으로 많은 교육 기관에서 채택하고 있다(코그 트레의 구체적인 과제는 이후에 나오는 「'기억하기' 능력을 기르기 위한 목표」에서 소개한다).

어린이의 지능이 아니라
인지 기능에 착안하다

여기서 왜 '인지 기능'에 착안하게 됐는지 그 계기를 말하고자 한다.

나는 대학 병원에서 레지던트로 일할 때 60대의 알코올성 인지증 환자를 담당한 적이 있다. 그때 시간이 있으면 부속 도서관에 틀어박혀 기억력과 판단력을 측정하는 인지증 검사를 공부했는데, 정육면체의 묘사나 레이 복합 도형 검사 등 수많은 인지 기능에 관한 검사법에 매료되어 푹 빠졌다.

그 후, 공립 정신병원의 아동 정신과 의사로 근무하게 되면서, 주로 발달 장애 어린이를 진찰했다. 진찰 중에 문득 '이 아이한테 정육면체나 레이 복합 도형 검사 그림을 그리게 하면 어떻게 될까' 하는 생각이 들어, 도형을 따라 그리게 했다. 그저 갑자기 떠오른 생각에 따라 아이에게 인지 기능 검사를 시험해 본 건데, 도형을 제대로 그리지 못하는 아이가 연이어 나타났다. 그때는 얼마나 깜짝 놀랐는지 모른다. 난폭하거나 부적절한 행동으로 문제를 일으키는 아이의 배경에는 인지 기능 저하의 가능성이 숨겨져 있음을 깨닫게 된 것이다.

당시 내가 근무하던 병원에서는 주로 발달 검사나 지능 검사, 행동

관찰을 했고, 발달이나 지능의 기준, 발달 장애 정도 등은 대부분 전체적인 케이스로만 파악했다. 그러고 나서 사회심리학적 접근이나 행동요법적 접근으로 넘어갈 때가 많았고, 개별적인 인지 기능을 확인하는 단계까지는 이행되지 않았다.

그 이후, 나는 의료 소년원에서 일하게 됐다. 그곳에서도 아이들에게 도형 묘사를 시험해 보니, 아이들 대부분이 올바르게 따라 그리지를 못했다. 모사는커녕 둥근 원을 삼등분하지 못하는 아이들도 적지 않았다(이 이야기는 나의 책『케이크를 자르지 못하는 비행 소년들의 카르테』에서 자세히 언급하고 있다).

모사를 통해 알 수 있는
아이들의 눈에 비친 일그러진 세상

아이들이 모사한 그림은 왜 이렇게 보이는 걸까 의문이 들 정도로 제시한 도형과 거리가 먼 모양새였다(다음 그림 참조). 나는 그들에게 이 세상이 이런 식으로 뒤틀려 보이는 게 아닐까 하고 큰 충격을 받았다.

아이들에게 그리게 한 그림은 레이 복합 도형 검사라고 하는 과제다. 검사 및 채점법에는 몇 가지가 있는데, 그리는 순서를 통해 계획성이나 그걸 실현하는 '실행 기능', 복잡한 도형의 특징을 잡아내어 재현하는 '구성력', 그 외에 '주의력' 등을 알아볼 수 있다.

소년 분류 심사원에서는 그 소년의 지능이나 발달 특성을 파악하

레이 복합 도형 검사의 과제 그림

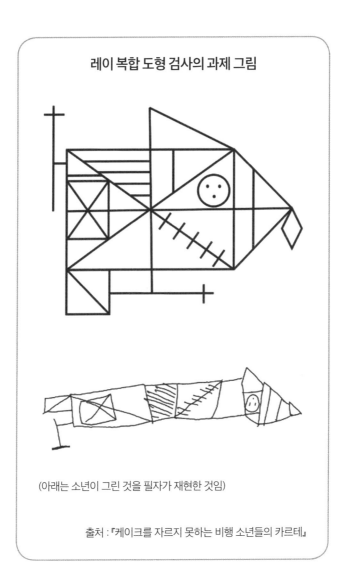

(아래는 소년이 그린 것을 필자가 재현한 것임)

출처 : 『케이크를 자르지 못하는 비행 소년들의 카르테』

기 위해 집단식 지능 검사나 자기식 심리 검사 등을 실시하는데, 그것만으로는 소년들이 가진 인지 기능에 어떤 문제가 있는지 쉽게 알 수가 없다.

정신과 진찰실이나 의료 소년원, 지자체에서의 교육 상담 등에서 도형 묘사를 제대로 하지 못하는 청소년들을 많이 만났던 경험이 인지 기능 강화 트레이닝 '코그 트레'를 만드는 계기가 됐다.

코그 트레는 성적 향상이나
IQ 향상 교재가 아니다

코그 트레는 인지 기능의 ① 기억, ② 언어 이해, ③ 주의, ④ 지각, ⑤ 추론·판단(상상하는 능력)에 대응하는 '기억하기' '숫자 세기' '모사하기' '발견하기' '상상하기' 능력을 키우는 다섯 가지 트레이닝으로 구성되어 있다(다음 그림을 참조).

오해하지 않도록 미리 강조하지만, 코그 트레는 학교 성적을 크게 높이거나 IQ를 올리기 위해 만들어진 교재가 아니다.

인지 기능에 약점이 있는 어린이가 교과 학습의 지식까지 쌓는 건 매우 어려운 일이다. 학년이 올라가면서, 특히 초등학교 3학년을 넘을 때부터 학습 내용은 복잡해지며 추상도도 훨씬 높아진다.

코그 트레의 인지 기능 강화 트레이닝은 어디까지나 학습 토대를 만드는 데 목적이 있다(앞서 언급했듯 운동에서 말하는 '기초 체력' 같은 것

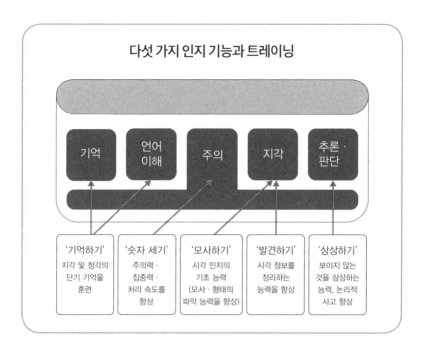

다섯 가지 인지 기능과 트레이닝

기억 / 언어 이해 / 주의 / 지각 / 추론·판단

'기억하기'
지각 및 청각의 단기 기억을 훈련

'숫자 세기'
주의력 · 집중력 · 처리 속도를 향상

'모사하기'
시각 인지의 기초 능력 (모사 · 형태의 파악 능력을 향상)

'발견하기'
시각 정보를 정리하는 능력을 향상

'상상하기'
보이지 않는 것을 상상하는 능력, 논리적 사고 향상

이다). 즉, 그림을 따라 그리지 못하니까 따라 그릴 수 있도록 연습하고, 숫자를 정확히 세지 못하니까 잘 셀 수 있도록 연습하고, 기억하는 걸 잘하지 못하니까 기억하는 연습을 하는 식이다. 결과적으로 시험 점수가 올라가는 일도 있지만, 그것을 목적으로 삼는 건 아니다.

또한 IQ(제2장에서 설명한 지능 검사에서 산출되는 지능 지수)는 지능 일부를 측정한 결과에 지나지 않는다. 반면에 코그 트레는 학습만이 아니라 생활하는 데 필요한 폭넓은 인지 기능을 강화한다. 지능 검사에서 측정하는 '일부의 지능'과 코그 트레가 대상으로 하는 생활 전반에 필요한 '인지 기능'은 처음부터 목적하는 자체가 다르다는 것을 추가로 언급하고자 한다.

코그 트레에는 완전히 자체 개발한 오리지널 과제도 있지만, 그 내용이 아주 새로운 것은 아니다. 원래 인지 기능을 강화하는 훈련은 주로 유럽 및 미국에서 개발되어 사용되었다. 그러한 훈련 내용을 조사하여 이를 어린이들에게 적용하기 좋도록 분류하고 정리 및 추가하여 만든 것이다.

예를 들어 '기억하기' 능력(그중에서도 '듣기 능력')을 키우는 '처음과 손뼉 짝'이라는 과제는 리스닝 스팬 테스트listening span test라는 검사를 참고했다. 이것은 문장을 몇 개 정도 들려주고, 각 문장의 첫 단어만을 순서대로 기억하면서, 그 문장이 올바른지 아닌지 답하게 하는 과제다. 그것을 코그 트레에서는 문장의 옳고 그름 대신 동물이나 색, 음식 등의 이름이 나오면 손뼉을 치도록 바꾸었다.

유아용 교재를 보면 점과 점을 잇는 '점 잇기' 과제가 실려 있는데, 코그 트레에서는 이를 응용하여 모사 활동에 회전 요소를 더한 '빙글빙글 별자리'나 '흔들리는 점 잇기' 등을 포함했다.

직접 만든 교재가
학회 발족으로 이어지다

처음에 코그 트레는 인지 기능이 낮은 비행 소년들이 사회에 나갔을 때 어려움을 겪지 않도록, 그리고 다시 비행을 저지르지 않도록 하려고 만든 교재다. 그 후, 교육 관련 강연회 등에서 비행 청소년에게 코그 트레를 적용하는 사례를 소개하자, 학교 교사를 중심으로 코그 트레를 학교에서도 사용해 보고 싶다는 요청이 이어졌다. 그래서 2014년에 히로시마대학과 공동으로 코그 트레 연구회를 세우고, 2015년에 오사카에서 실제로 코그 트레를 체험하는 제1회 워크숍을 개최하게 됐다. 그게 뜻밖에도 큰 호평을 얻어 고치, 시즈오카, 가나가와, 오사카, 히로시마 등 전국 각지에 지역 연구회를 탄생시켰다.

코그 트레에 대한 요청이 높아지자 뜻이 있는 사람들의 자원 활동으로 꾸려 나가던 사무국 운영에 한계가 생겨, 2020년 4월에는 '일반사단법인 일본 COG-TR 학회'라는 법인 조직으로 쇄신하게 됐다. 현재는 일본 전국 12개의 연구회와 800명 정도의 회원으로 구성되어 있다(2023년 7월 현재). 학교 교사를 중심으로 심리나 복지, 의료 및 사법 등 다양한 분야에서 활동하는 사람들이 회원으로 참가하고 있다. 처음에는 나 혼자 시작한 교재 제작이었지만, 그게 뜻밖에도 많은 사람이 활용하는 상황이 됐다.

학습면에서 보는 코그 트레의 목표

지금까지 주로 '학습면에서의 코그 트레'(인지 기능 강화 트레이닝)를 소개했는데, 그 외에도 대인 관계 기술 향상을 목적으로 하는 '사회 면에서의 코그 트레'(인지 소셜 트레이닝), 신체 면에서의 서툰 점을 개선하는 데 목적이 있는 '신체 면의 코그 트레'(인지 작업 트레이닝)가 있다. 학습 면, 사회 면, 신체 면의 세 방면에서 어린이를 지원하는 포괄적인 프로그램이라고 보면 된다.

이 책에서는 학습 부진으로 힘들어하는 자녀를 가진 보호자들을 위해 '학습면에서의 코그 트레'를 중심으로 이야기를 진행하고 있다. 학습면에서의 코그 트레를 구성하는 다섯 가지 요소인 '기억하기' '숫자 세기' '모사하기' '발견하기' '상상하기'의 순서대로 그 목표를 설명하고, 이에 맞춰 목적하는 인지 기능과 사례도 소개하고자 한다.

① '기억하기' 능력을 기르기 위한 목표

기억에는 시각이나 청각과 같은 감각기를 통해 들어온 정보를 기억하는 단기 기억과 장기 기억이 있다. '기억하기' 코그 트레에서는 시각성 및 청각성의 단기 기억과 문장 이해 훈련을 한다. 이에 따라 지시나 설명을 이해하는 데 필수적인 '보는 능력'과 '듣는 능력'을 키운다.

과제

【1】 시각성의 단기 기억

'무엇이 있는가?'(도형 기억)

어느 도형을 제시하여 그것을 기억하게 하고 나서 감춘 뒤, 백지에 재현하게 한다. 시각성의 단순 단기 기억을 훈련한다.

'○○는 어디 있는가?'(위치 기억)

○○에 들어가는 것은 숫자, 문자, 숫자와 문자, 기호 등이다. 4×4의 모눈 칸에 여러 도형과 기호, 문자나 숫자가 불규칙하게 배치된 1~5장의 과제 시트를 제시하고, 나온 순서를 기억하게 하여 답안지에 똑같이 재현하게 한다. 시각성 단순 기억과 시공간 작업 기억을 훈련한다.

'무엇이 있는가?' (도형 기억)

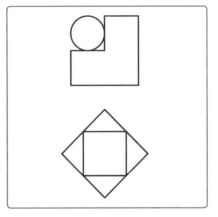

'○○는 어디 있는가?' (위치 기억)

시		
		9
6	타	
		누

출처: 『의사가 고안한 코그 트레 퍼즐』(SB신쇼)

【2】청각성의 단기 기억과 문장 이해

'처음과 손뼉 짝' '마지막과 손뼉 짝'

여러 단어를 순서대로 기억함으로써 청각(언어성) 작업 기억을 훈련한다. 예를 들어서 선생님이 "계산 연습문제 30페이지를 펼쳐서, 두 번째 문제를 풀어 보세요"라고 말했을 때, '계산 연습문제' '30페이지' '두 번째'라는 말을 순서대로 기억하는 힘을 기른다.

'처음과 손뼉 짝'이라는 과제에서는 출제자가 세 개의 문장을 읽어 주고, 아이에게 첫 단어만 기억하게 한다. 단, 동물의 이름이 나오면 문장을 읽어 주는 중에 아이가 손뼉을 치게 한다. 기억한 첫 단어는 종이에 적게끔 한다.

> **예시** '처음과 손뼉 짝'
>
> 고로는 내가 키우는 개의 이름입니다.
> 꼬리가 보여서 고로인 줄 알았는데 너구리였습니다.
> 산에는 낮잠을 자는 여우가 있습니다.

이 예시에서 기억해야 할 것은 '고로' '꼬리' '산'이고, 밑줄을 친 '개' '너구리' '여우'에서 손뼉을 쳐야 한다.

'듣는 능력'에서 중요한 청각(언어성) 작업 기억

'무엇이 제일일까?'

문장을 이해하고 답함으로써 문장 이해력과 청각(언어성) 작업 기억을 훈련한다. '처음과 손뼉 짝' '마지막과 손뼉 짝(마지막 단어만 기억하는 것)'보다도 문장을 완전히 이해하고 기억해야 해서, 남의 말을 잘 듣고 지시를 이해할 힘을 기를 수 있다.

출제자가 다음과 같은 문장을 읽고, 아이에게 정답을 생각해 보게 한다.

> **예시**   '무엇이 제일일까?'

간식을 사러 갔습니다. 케이크는 도넛보다 비싸고, 붕어빵은 도넛보다 쌉니다. 제일 비싼 간식은 무엇일까요?

정답은 '케이크'다. 답을 맞히기 어려워한다면, 관계성을 알려 주거나 아이에게 메모를 시켜서 생각해 보도록 이끄는 게 좋다.

'무엇이 몇 번째일까?'

'무엇이 제일일까?'보다도 난이도가 높다. 이 훈련으로 남의 이야기를 이해하는 능력을 기른다.

검은색, 흰색, 갈색의 세 마리 개가 있습니다. 검은 개는 흰 개보다 작고, 갈색 개는 흰 개보다 큽니다. 두 번째로 큰 개는 무슨 색일까요?

정답은 '흰 개'다. 어려워하는 경우, 몇 번이나 다시금 문제를 읽어주면서 등장한 것과 관계성을 메모하게 한다.

'기억하기'를 못하면 어떻게 될까?

90페이지에서 「칠판에 적힌 글을 따라 적거나 받아쓰기를 못하는 J군」을 소개했다.

보고 '기억하기'를 어려워하는 아이는 칠판에 적힌 글을 노트에 옮겨 쓸 때 기억하는 정보량이 적거나 유지할 수 있는 시간이 짧기 때문에 몇 번이나 칠판을 봐야 한다. 또한 영어 단어나 역사 연도를 몇 번이나 적고 외워도 다음 날이면 잊어버리고 말아 지식이 될 수 없다.

듣고 '기억하기'가 서툴면, 「잘못 알아듣는 경우가 많은 N양」(80페이지)처럼 선생님의 지시를 이해하지 못하고 엉뚱한 행동을 하게 된다.

작업 기억이 약하면 어떻게 될까?

기억에 포함된 워킹 메모리는 일명 '작업 기억'이라고도 한다. 이는 작업할 때 일시적으로 기억을 꺼내어 사용하기 때문이다. 예를 들어 아래와 같은 일을 할 때 사용하는 기억이며, 볼일이 끝나면 그 기억은 사라진다.

- 잔돈 계산(암산)하기
- 타인과의 대화를 듣고 이해하면서 다음에 이어지는 말을 하기
- 문장을 읽고 그 내용을 기억하면서 다음 문장 읽기
- 방에 뭔가를 가지러 가기 위해 그 목적을 기억하기

또한 작업 기억은 '뇌의 작업대'라고도 부른다. 이 작업대는 넓으면 넓을수록 서류나 자료를 늘어놓거나 필기도구나 공구를 놓는 등 작업이 훨씬 편해진다. 좁은 작업대에서는 물건을 서랍이나 선반에 넣었다가 또 꺼내야 하니 작업 효율이 떨어진다. 컴퓨터를 잘 아는 사람이라면 컴퓨터 메모리를 상상하면 이해가 쉬울 것이다. 메모리 용량이 클수록 처리 효율이 상승한다.

만약 작업 기억이 약하면 이런 난처한 일이 생기고 만다.

- 잔돈 계산을 못 한다.
- 타인과 대화를 하다가 엉뚱한 대답을 한다.
- 독서 중에 종종 집중력이 떨어진다.
- 방에 뭔가를 가지러 갔다가 잊는다.

이렇게 되면 평소 생활 중에도 숙제하다가 모르는 게 생겨서 책장에 참고서를 가지러 갔다가, 만화가 눈에 들어와 휴식 삼아 만화를 읽기 시작했다가, 간식도 먹고 싶어서 장을 보러 나간다… 와 같은 식으로 문득문득 생각이 떠오르는 대로 행동하게 될 수 있다. 또한 여러 가지 정보 자극이 들어오면 그쪽으로 관심이 쏠리게 되어, 한 가지 일을 끝까지 완수하지 못한 채 차례로 다른 일에 손을 대는 결과로 이어질지 모른다.

물건을 자주 잃어버리고 건망증이 심한 D군

초등학생 D군은 건망증도 심하고 책상 서랍도 정리하지 않아 늘 연필이나 지우개, 자 등을 잃어버리곤 한다.

"선생님, 지우개 잃어버렸어요" "자가 어디 있는지 몰라요" "숙제를 집에 두고 왔어요" …학교에서 매일 이런 일이 반복된다. D군은 필기도구를 손에 쥔 채 학교 안을 다니다가 어딘가 두고 깜박하는 일도 일상다반사다.

집에서도 게임 CD가, 지갑이, 책이 '어디 갔지…' 하며 허둥댈 때가 많고, 어머니한테도 "사용한 건 제발 원래 있던 곳에 놔둬!"라고 혼난다.

D군처럼 잃어버리고 깜박 잊는 일이 많은 어린이는 기억을 위한 전략이나 작업 기억의 저하가 원인일 수 있다. 그러니 D군에게 '왜 그

사례: 잃어버리고 깜박 잊는 일이 많아
어려움을 겪는 어린이

렇게 물건을 툭 하면 잃어버리니!' 하고 꾸짖어도 본인은 왜 물건을 잃어버리고 잊게 되는지 잘 모른다.

'잊어버리지 않기'를 목표로 삼는다면, 또 뭘 잊은 건 없는지 그것만 신경 쓰게 될지도 모른다. '오늘은 이것만큼은 가지고 가자'라고 정하면서, 예를 들어

　① 그림 도구(오늘 만들기 수업에서 쓰니까)

　② 급식용 개인 소지품 및 실내화

③ 체육복(체육 수업은 내일이니 가지고 갈 수 있다면)

이런 식으로 우선순위를 매기는 것도 좋다.

또한 부모님과 교사는 이 아이는 '잘 잊어버릴 때가 많다'라고 인식하고, 아이에게 잊지 않으려면 어떤 요령이 필요한지 구체적으로 가르쳐 줘야 한다. 예를 들면, 준비물을 목록으로 만들어 놓거나 잊어버릴 것 같다면 메모하거나 포스트잇에 적어서 눈에 보이는 곳에 붙이라고 알려 주는 것도 좋다.

기억하기를 위한 두 가지 요령

여기서는 잘 기억하기 위한 요령 두 가지를 소개하겠다. 바로 '부호화'와 '리허설'이다.

부호화란, 문자에 다른 의미를 부여하거나 다른 것으로 치환하여 기억하는 일이다. 부호화 중에는 '말놀이'가 있다. 예를 들어, 역사 연도를 외울 때 '난토(710년), 훌륭한 헤이죠쿄平城京*'나 간토 지방 현 이름을 외울 때 '도쿄도니군토치카이사(도쿄도에 아주 가까워)**'로 외우는 것 등이 이에 해당한다.

- '난토'라는 말은 '아아!'와 같은 감탄사인데, 여기서 710년에서 7은 '나나'로 읽고, 10은 '토'라고 읽기에 이런 감탄사를 말놀이와 숫자를 맞춰 외우기 쉽게 한 것이다.
- '도쿄도에 군(군마), 토(도치기), 치(지바), 카(가나가와), 이(이바라키), 사(사이타마) とうきょうと(東京都)にぐん(群馬)と(栃木)ち(千葉)か(神奈川)い(茨城)さ(埼玉)'라고, 소리로만 들으면 '도쿄도에 아주 가깝다'라는 뜻이 되어 간토 지방의 현을 쉽게 외울 수 있다.

그리고 리허설은 몇 번이나 입으로 말해 보고, 쓰는 걸 반복하여 외우는 것이다. 예를 들어서, 도형 기억의 '무엇이 있는가?' 과제에서 형태를 기억하는 데 '동그라미, 삼각형, 사각형' 등 말로 치환하는 건 '부호화'에 해당하고, 그 형태와 올바른 위치를 반복해서 복창하는 건 '리허설'이라고 할 수 있다.

아이가 자기 나름대로 기억하기 쉬운 방법을 찾아내는 것이 코그 트레 '기억하기'의 목적이다. 말놀이나 관련된 이미지를 찾아내는 게 기억하기 쉽다거나, 아니면 몇 번이나 입 밖으로 소리를 내어 말하는 게 더 기억하기 좋다거나, 몇 번이나 손으로 적어 보는 게 잘 기억이 난다거나 등, 그 아이 나름의 기억법을 찾아보도록 하자.

② '숫자 세기' 능력을 기르기 위한 목표

기호 등의 개수를 빠르고 정확하게 세거나 계산함으로써 주의 및 집중력, 처리 속도의 향상을 목적으로 한 훈련을 한다. 학교 시험에는 시간 제한이 있다. 일상생활에서도 빠른 판단이 필요할 때가 있다. 빠르고 실수 없이 반복 작업을 하려면 확실한 주의 및 집중력, 처리 속도가 요구된다.

과제

'모으기'(115페이지)

어떤 기호를 다섯 개 혹은 여섯 개로 모으는 연습이다. 기호를 덩어리(양)로 모아서 숫자 감각을 익히는 것이다. 이 과제에서는 초등학생 이후 수학에서 요구되는 '양'의 수 개념(예를 들어 10을 '5와 5' '4와 6'으로 분해하거나 합성할 때 필요)을 기른다. 양으로서의 수 개념이 생기지 않으면 받아올림 계산에서 어려움을 겪는 요인이 된다(120페이지에 나오는 「계산 실수가 잦고 수를 세는 데 손가락을 쓰는 E양」의 사례를 참조).

'기호 찾기'(116페이지)

특정 기호나 숫자를 가능한 빨리 찾아, 그 개수를 센다. 주의 및 집

'모으기' 과제

으악! 꼬마 유령이 잔뜩 있어요. 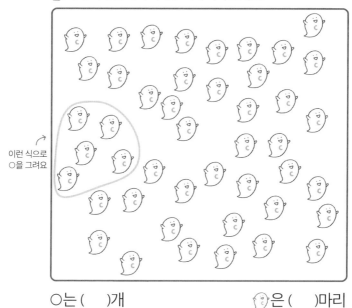을 다섯 마리씩 ◯로 묶고,
과 ◯의 수를 세어 아래 (　　)에 적어 보세요.

이런 식으로
◯을 그려요

◯는 (　　)개　　　　　　　　　　　은 (　　)마리

출처: 『의사가 고안한 코그 트레 퍼즐』(SB신쇼)

'기호 찾기' 과제

△에 ∨ 표시를 하면서 개수를 세고, 그 수를 아래 ( )에 적어 보세요.
단, △ 왼쪽에 ○가 있으면 ∨를 하면 안 되고, 개수도 세면 안 돼요.

◇ ○ ◎ △ ○ ◇ △ ☆ ☆ ◇ ○ ◎ △ ○ ▽ □
○ △ ○ ◎ □ ◇ ☆ △ □ ☆ ○ △ △ ○ ◇ ◎
☆ ◎ ◇ △ ▽ □ ☆ ○ ○ ◎ ○ △ □ ☆ □ △ ◇
○ △ □ ▽ ◎ ◇ ○ △ □ ◎ ☆ ▽ △ ○ ☆ ◎
◎ △ ☆ △ ◇ ○ △ ☆ ○ ▽ ◎ □ △ ◇ ○
◇ △ □ ○ ▽ ☆ ○ △ △ ○ ◎ ▽ ◎ △ ○ ☆
◎ □ △ ○ △ ▽ △ ◎ △ ○ □ ☆ ▽ ○ ○ △
○ ▽ □ △ ☆ ◇ □ △ ○ △ ◎ ☆ ○ ○ △ ☆
△ ◇ ☆ △ △ ▽ □ ○ △ □ ◇ ◎ △ ○ ○ □ ◇
△ ☆ ◎ □ ○ ◇ △ ○ ▽ □ ◇ ○ △ □ ◇ ◎
☆ ○ □ ☆ △ □ ◇ △ ☆ ○ △ ◎ ◇ ☆ ▽ ☆
◎ △ □ ◇ □ ▽ △ ○ ◎ ○ △ ☆ ▽ □ ◇ ◎

△는 ( )개

중력, 처리 속도 향상만이 아니라 '어떤 규칙에 따라 개수를 세면 안된다'라는 주의 전환도 훈련한다. 이런 식으로, 학교 시험에서 '틀린 것에는 ○를 하지 않는다' 같은 지시문이 나왔을 때 당황해서 옳은 것에 ○ 표시를 하는 부주의를 줄일 수 있는 효과를 기대할 수 있다.

'아이우 계산'(118페이지)

기억하면서 빠르게 계산함으로써 작업 기억이나 주의 및 집중력, 처리 속도 향상을 목표로 한다. 또한 시험 문제를 풀고 도출한 답을 답안지에 적을 경우, 옮겨 적는 실수를 줄이는 데도 도움이 된다.

'찾기 계산'(118페이지)

'계산 연습이 싫다'라고 하는 아이를 위해 게임처럼 즐길 수 있도록 고안된 과제다. 일반적인 연습문제는 일방적인 계산(3 + 7 = □)의 형태가 많은데, 이 '찾기 계산'에서는 반대로 '더해서 10이 되는 수의 조합'을 바둑판 같은 격자 형태로 놓인 숫자에서 찾아 ○로 묶는다. 숫자의 조합을 머릿속에 항상 그리면서, 효율적으로 몇 패턴 정도 계산함으로써 '암산력, 작업 기억, 처리 속도, 기획력' 같은 고도의 학습 토대가 되는 네 가지 능력을 기르는 데 목적이 있다.

'아이우 계산' 과제

먼저 '아~소'까지의 계산을 해 보세요. 그다음에
그 답과 같은 숫자를 가진 ( )에 '아~소'를 써 넣으세요.

아	2+3	카	5+4	사	8+1
이	1+2	키	2+4	시	5+3
우	4+4	쿠	4+3	스	4+3
에	6+2	케	7+3	세	2+8
오	1+1	코	2+7	소	3+1

2 ( )　　7 ( )( )

3 ( )　　8 ( )( )( )

4 ( )　　9 ( )( )( )

5 ( )　　10 ( )( )

6 ( )

'찾기 계산' 과제

'더해서 10이 되는 수의 조합'을 찾는다.

'숫자 세기'를 못하면 어떻게 되나?

'모으기' 과제처럼 '양'으로서의 수를 세기 어려워하면, 계산을 못하는 원인이 된다.

수의 개념에는 두 종류가 있다. 순서를 나타내는 '서수'로서의 숫자 개념, 그리고 개수와 양을 나타내는 '기수'로서의 숫자 개념이다. 서수는 한 시, 두 시, 세 시…처럼 1 다음에는 2, 2 다음에는 3과 같은 순서나 '앞에서 세 번째' '뒤에서 네 번째'와 같은 '몇 번째'라는 수 개념이다.

반면에 기수는 한 개, 두 개, 세 개…처럼, 또는 '모으기' 과제에서 나온 '다섯 개씩'처럼 '양'으로서 수를 세는 것이다. 이 기수를 이해하면 열 개는 세 개와 일곱 개라는 식으로 분해와 합성을 할 수 있고, 구구단에서 외우는 '삼칠이십일'이 '3×7'이고 '3이 7개 있다'라는 양으로 인식할 수 있게 된다.

기수에 대한 수 개념이 확립되지 않으면 계산 문제를 풀기 어려울 것이다. 서수와 기수의 수 개념은 따로 발달한다. 이들 개념이 확립되지 않으면, 학년이 올라가면서 수학을 이해하지 못하고 어려워만 하게 된다.

초등학교 3학년인 E양은 단순한 덧셈이나 뺄셈, 숫자를 직접 써서 하는 간단한 필산筆算은 할 수는 있으나 계산할 때 손가락을 쓴다. 문제는 받아올림이나 받아내림 계산만 나오면 답을 잘못 낸다는 점이다. 때때로 '150'을 '10050'('100'과 '50')처럼 잘못 쓰기도 한다. 지금은 열심히 구구단을 외우고 있지만, 곱셈을 이해하지는 못한다.

E양은 계산 이전에 수 개념도 아직 이해하지 못한 것으로 보인다. 예를 들어서 '4 + 7 =   ''11 - 5 =   ' 같은 계산 연습은 학교에서도 몇 번이나 하니까 답만 기억해 놓으면 문제를 풀 수 있지만, 숫자나 양이 커지면 개념화가 미숙해서 자꾸 실수하고 마는 것이다. 이런 상태에서 초등학교 2학년 수준의 필산을 하면, 단순한 반복 연습으로 인해 답을 낼 수 있는 것뿐이지 수 개념 발달로는 이어지지 않는다.

다음의 그림과 같은 과제를 해 보자. 오른쪽의 공깃돌 개수가 '(가)=(나)'로 같은 것을 확인한 후, 왼쪽의 (가)´처럼 공깃돌의 간격을 줄인다. 그렇게 한 다음, 왼쪽의 '(가)´와 (나)의 공깃돌 중 어느 쪽이 더 많은가?'를 묻는다. 정답은 '둘 다 같다'이다. 그러나 '(가)´의 수가 더 적다'라고 착각한 경우, 수량에 대한 이해에서도 '보존의 개념(사물의 수량은 그 형태나 상태를 바꿔도 동일하다)'이 아직 확립되지 않은 것이라고 볼 수 있다.

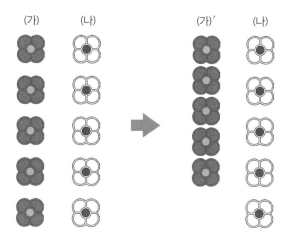

또한 서수의 수 개념을 살펴보려면 '뒤에서 두 번째 사람에게 세 번째로 긴 막대기를 건네 주세요' 같은 문제를 내고, 풀 수 있는지 여부를 통해 서수라는 수 개념이 확립됐는지 확인할 수 있다.

아이의 수준보다 높은 문제를 내는 것보다 그 인지 발달에 맞는 과제를 풀게 함으로써, 발달을 촉진하는 것이 더 좋다. 그러기 위해서는 아이를 이해하는 발달 평가가 매우 중요하다.

인지 발달 수준에 맞는 연습을

수의 개념을 확립하기 위해서는 '모으기' 과제 이외에도 될 수 있으면 공깃돌이나 블록 등의 구체적 물건을 늘어놓아 정확하고 안정적으로 수를 세는 연습을 하는 편이 효과적이다. 5와 10, 10과 20의 양

'뒤에서 두 번째 사람에게 세 번째로
긴 막대기를 건네주세요'

적인 차이를 구체적으로 알 수 있다면 수 개념의 확립으로 이어지게 된다.

또한 '열 개 중에서 여섯 개를 꺼내기' '스무 개 중에서 아홉 개를 꺼내기' 같은 연습이나 '앞에서 세 번째는 무엇일까?' '뒤에서 네 번째는 어느 것일까?' 같은 연습도 좋다. 일상적으로 '사탕 열 개가 있어. 세 개를 줄게'나 전철에 타면 '여기서 세 번째 역은 어디일까?', 줄을 섰을 때 '○○는 몇 번째일까?' 같은 질문을 던져 보는 것도 좋은 방법이다.

아이가 계산을 할 수 있게 되면, 문장으로 된 문제나 더 어려운 문제에도 도전하고 싶어질지 모른다. 그러나 수 개념을 이해하는 것과

일상 속에서 가볍게 '수'에 대한 질문을 해 보자

사탕 열 개가 있어.
세 개를 줄게.

문장 뜻을 이해해서 사고하는 것에는 큰 차이가 있다. 우선 아이가 '할 수 있는 일'을 늘리고, 자신감을 붙이게 하여 연습을 계속 이어 가게 하는 편이 좋다.

계산할 때 손가락을 써도 될까?

덧셈을 배울 때 맨 처음에는 두 손을 쓰는 경우가 있는데, '3 + 2'라면 피가수被加數인 3을 오른손으로, 가수인 2를 왼손으로 표시한 후에 두 손으로 표시한 수를 1부터 세서 답을 도출한다. 이후, 몇 가지 방법을 거쳐 최종적으로는 손가락보다 더 많은 추상적인 숫자 계산도 할 수 있게 된다.

아직 손가락을 쓰는 수준인 E양에게는, 손가락을 이용하여 수 개념을 확실히 알게 하는 게 좋다. 만약 손가락을 억지로 못 쓰게 하면 다음 단계로 넘어가지 못하고, 아이는 아무리 시간이 지나도 계산에 서툴 가능성이 있다.

사람은 뭔가를 이해하고 확인할 때 손가락을 자주 쓴다. 새로운 글자를 기억할 때 공중에 손가락을 움직여 쓰기도 하고, 어른이라도 안전을 확인하거나 잊지 않기 위해 '불 껐음' '열쇠 갖고 있음' 같은 '손가락 확인'을 할 때도 있다.

숫자 계산에 절대로 손가락을 쓰면 안 된다는 규칙이 있는 것도 아니고, 그렇게 하는 편이 더 쉽다면 손가락을 써도 될 것이다. 어른이라도 절대로 틀리면 안 되는 덧셈을 할 때, 초조한 순간일수록 손가락

계산할 때 손가락을 쓰는 아이

을 쓴다. 아이는 배우는 과정이라 몰라서 불안할 때도 많다. 언제나
손가락을 쓰고 싶은 상황임을 이해하길 바란다.

지시된 도형의 묘사를 중심으로 형태 파악을 함으로써 시각 인지의 기초 능력을 훈련한다. 학습의 기본은 모방이다. 예를 들어, 글자를 외울 때 우선 예시를 보면서 노트에 '옮겨 적고', 수업에서는 교사가 칠판에 적은 문장이나 도형을 노트에 '옮겨 적는'다.

과제

'점 잇기' '곡선 잇기'(127페이지)

예시를 보고 정확히 따라 그림으로써 시각 인지의 기초 능력을 훈련한다. 이는 칠판에 적힌 것을 보고 노트에 옮겨 적는 작업이나 글자를 깨끗하게 쓰는 능력과도 이어진다.

'점 잇기'는 격자 형태의 점에 그려진 예시처럼 점을 이어 직선으로 표현하는 과제다. 이는 모방의 기본 과제다. 또한 직선은 잘 그려도 곡선을 그리기 어려워하는 아이도 있다. 곡선을 모사하는 연습용으로 '곡선 잇기'도 있다.

'접어 맞추기 도형'(127페이지)

모눈 속에 있는 기호를 위아래 대칭으로 옮겨 적음으로써 정확히 따라 쓰는 훈련을 한다. 간단한 위치 관계를 이해하면서 모사하는 능

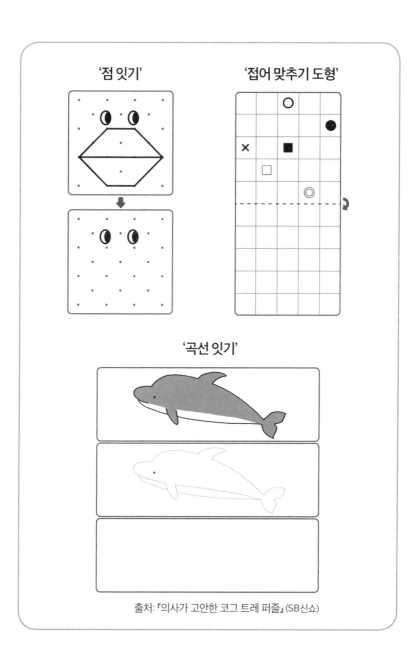

'점 잇기'

'접어 맞추기 도형'

'곡선 잇기'

출처: 『의사가 고안한 코그 트레 퍼즐』(SB신쇼)

력으로 이어진다.

'기호 변환'(129페이지)

그저 옮겨 적기만 하는 게 아니라 일정한 규칙에 따라서 옮겨 적는 과제다. 위의 그림을 아래 그림에 옮길 때, 어떤 기호를 다른 기호로 바꾸어 옮겨 적어야 한다. 이것도 '접어 맞추기 도형'처럼 간단한 위치 관계를 이해하면서 모사하는 능력을 기를 수 있는데, 여기에 규칙까지 더해지므로 더욱 주의가 필요하다.

'거울에 비추기'(129페이지)

도형을 거울과 수면에 비친 모습으로 바꾸어 정확히 옮겨 그리는 능력을 훈련한다. 두 가지 모두 거울에 비친 모습이 되지만, 위치 관계와 상상력도 작용시키면서 모사하게 된다.

'빙글빙글 별자리'(129페이지)

별끼리의 상대적인 위치 관계를 생각하면서, 예로 제시된 별자리를 정확히 옮겨 그리는 훈련을 한다. 모사만이 아니라 논리적 사고 향상도 목표로 한다. 지도를 보며 목적지로 향할 때 필요한 힘을 기르는 데도 도움이 된다.

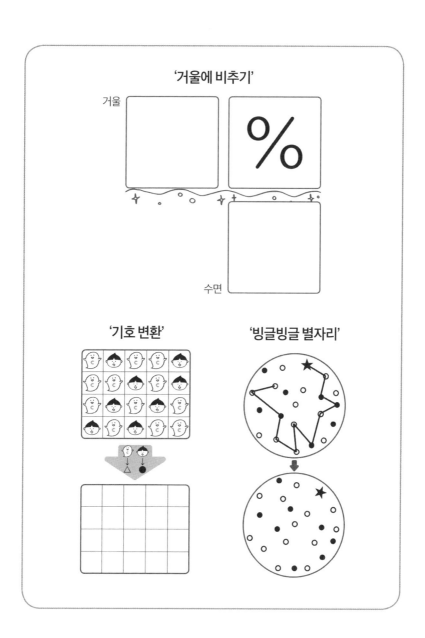

'모사하기'를 못하면 어떻게 되나?

앞서 90페이지에서 「칠판에 적힌 글이나 받아쓰기를 못하는 J군」을 소개했다. J군은 정육면체를 제대로 따라 그리지 못하는 등 '모사하기'에 매우 서툴다. 또한 초등학생 때부터 칠판에 적힌 문장을 노트에 옮겨 적는 것도, 글자를 외우는 것이나 쓰는 것 자체도 어려워했다.

모사의 첫걸음은 우선 '눈으로 본 형태나 색을 이해하는 것'이다. 이는 시각 인지라고 불리는 것인데, 시력은 정상이라도 시각 인지가 약하면 정확한 형태나 입체를 인식할 수 없다. 그래서 다음과 같은 문제가 생긴다.

- 칠판의 글자를 옮겨 적지 못한다.
- 글자를 잘 기억하지 못한다.
- 잘못 적을 때가 많다.
- 도형을 못 그린다.
- 손가락으로 하는 작업이 서툴다.
- 좌우 인식을 어려워한다.

예를 들어, 글자를 보고 형태를 정확히 옮겨 적을 때 똑같이 쓰려고 생각은 하지만 잘못 보게 될 때가 있다. 올바르게 보지 못하면 글자를 잘못된 방식으로 반복해 쓰기 때문에 오자를 학습하게 된다.

글자를 제대로 외우지 못하는 I양

I양은 초등학생이 되어도 여전히 글자를 잘 쓰지 못한다. 집에서 부모님과 같이 열심히 연습해서 어떻게든 글자를 쓸 수 있게는 됐다. 3학년이 된 지금은 한자 연습을 하고 있다. 한자 쓰기 예시를 보더라도 몇 번이나 틀리게 한자를 쓴다. 올바른 형태로 쓰기에는 매우 어려운 상태다. I양은 한자도 그렇지만, 도형을 그대로 따라 그리는 것도 어려워한다.

한자를 제대로 외우지 못하는 아이의 경우, I양처럼 일반적인 글자 습득도 어려워한다.

I양은 최선을 다해 연습했지만, 실제로는 아직 쓸 줄 모르는 글자가 있는 게 아닌지(혹은 잊지 않았는지) 확인할 필요가 있다.

일반적인 글자마저 혼란스러워하는 단계에서는 한자 습득은 아직 어려울 수밖에 없다.

확인 방법으로는 구체적으로 다음 세 가지를 평가하면 된다.

① 한자나 간단한 문장을 제대로 읽을 수 있는가

② 문장을 유창하게 읽을 수 있는가(단어 덩어리를 인식할 수 있는가)

③ 정확히 쓸 수 있는가

읽기 단계에서 어려움을 겪는 경우, 우선 '읽기' 연습을 중심으로 하는 편이 좋다. 단어의 의미를 이해할 수 없는 단계에서 몇 번이나 쓰는 연습을 해 봤자 고통스럽기만 하고 습득하기도 어렵다.

'쓰기' 연습을 할 때 예시와 같은 위치에 있는 글자를 쓰지 못하거나, 선의 길이나 기울기를 정확히 따라 쓰지 못하거나 혹은 올바른 형태로 쓰기 어려워한다면, 한자 같은 쓰기 연습 전에 '점 잇기'(127페이지) 같은 과제를 제대로 할 수 있는지 확인해 보길 바란다.

형태의 항상성 훈련과 여러 시각 정보 속에서 공통점 및 차이점을 발견하는 훈련을 통해 시각 정보를 정리하는 능력을 키운다. 형태의 항상성이란, 보는 각도를 바꿔도 동일한 것으로 지각할 수 있는 능력이다. 예를 들어, 선생님이 칠판에 글자를 쓸 때 칠판을 보는 각도와 노트를 보는 각도(시점)가 달라도 결국 같은 것이라고 인식할 수 있다.

과제

'검은색 도형' '겹쳐진 도형'(134페이지)

그림과 공통된 형태의 윤곽을 찾는 능력, 형태의 항상성을 훈련한다. 검은색 도형에서는 같은 형태를 찾아내는 요령을 익힌다. 겹쳐진 도형에서는 논리적으로 형태(예시로 사용되지 않는 부분)를 발견하는 능력을 기른다.

'회전 퍼즐'(135페이지)

도형을 회전시켜 같은 형태를 만듦으로써 형태의 항상성을 훈련하고, 또한 논리적으로 형태를 발견하는 능력, 마음속으로 형태를 회전시켜 상상하는 능력(심적 회전력)을 기른다.

'검은색 도형' 과제

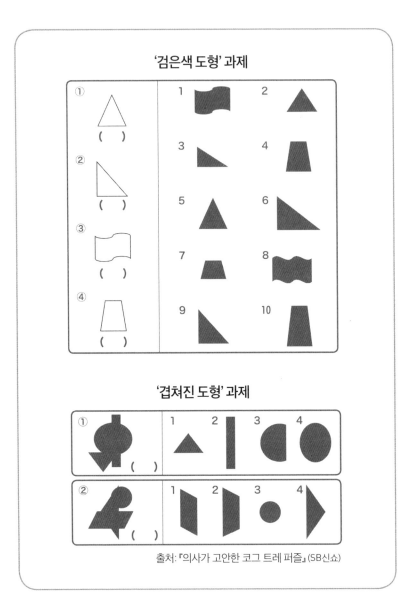

'겹쳐진 도형' 과제

출처: 『의사가 고안한 코그 트레 퍼즐』(SB신쇼)

134

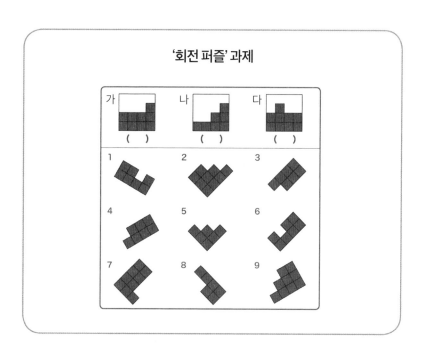

'회전 퍼즐' 과제

'형태 찾기'(136페이지)

불규칙하게 늘어서 있는 점들 속에서 특정 형태를 찾아냄으로써 형태의 항상성을 훈련한다.

'다른 점은 무엇일까?'(137페이지)

두 장의 그림의 차이를 발견함으로써 시각 정보의 공통점 및 차이점을 파악하는 힘을 기른다. 도형의 식별 이외에도 사람의 얼굴이나 표정을 구분하는 것으로 이어질 수 있다.

'형태 찾기' 과제

아래 네모 칸 안에 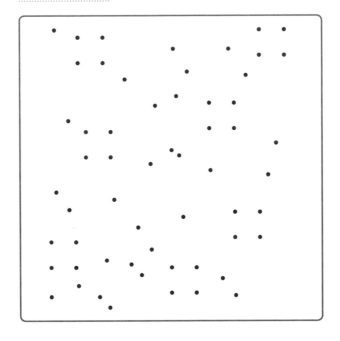 가 7개 있습니다. 그걸 찾아서 처럼 <u>선으로 이어 보세요.</u>

'같은 그림은 어느 것일까?' (138페이지)

여러 그림 중에서 같은 그림을 찾음으로써 시각 정보의 공통점 및 차이점을 파악하는 힘을 기를 수 있다. '다른 점은 무엇일까?'보다도 난이도가 높다.

'같은 그림은 어느 것일까?' 과제

'발견하기'를 못하면 어떻게 되나?

도형 문제를 풀지 못하는 경향이 생긴다. 수학에서는 여러 형태 중에서 예시로 제시된 형태를 찾아내는 문제나 그림을 모사하는 문제, 면적이나 부피를 구하는 문제도 나온다.

또한 교과서에서 특정한 단어를 찾아내는 것을 어려워한다거나 글자를 잘 기억하지 못할 수도 있다.

'발견하기' 문제에서는 '시각 인지'를 응용하여 보는 각도를 바꿔도 동일한 것으로 지각하는 '형태의 항상성'을 기른다. 예를 들어, 멀어지는 자동차를 봤을 때도 눈에 보이는 자동차의 상(망막상)은 점점 작아지지만, 차 자체가 실제로 작아진다고는 느끼지 않는다. 대상물을 보는 각도나 거리가 달라지면 다양하게 변화하여 보이는데, 그 크기는 일정하다고 느끼는 능력이 바로 형태의 항상성이다. 멀리 있는 칠판 글씨를 바로 눈앞의 노트에 옮겨 적을 수 있는 것도 같은 원리라고 할 수 있다.

⑤ '상상하기' 힘을 키우기 위한 목표

보이지 않는 것을 상상하는 능력, 논리적 사고력을 훈련한다. 제시된 시각 정보에서 결과를 상상함으로써 관계성 이해, 논리적 사고력, 시간 개념을 훈련하게 된다. 또한 어떻게 하면 잘할 수 있을까 하는 전략도 필요하기에 계획하여 순서대로 실천하는 '실행 기능' 훈련도 될 수 있다.

과제

'스탬프'(141페이지)

스탬프를 찍으면 어떤 그림이 되는지 생각함으로써 하나의 시각 정보를 통해 다른 정보를 상상하는 능력, 이미지를 떠올리는 능력이나 보이지 않는 것을 상상하는 능력을 기른다. 구체적으로는 도형 문제나 지도를 읽어 내는 공간적 과제에도 도움이 된다.

'마음속으로 회전'(141페이지)

마음속에서 대상물을 회전함으로써 하나의 정보에서 다른 결과를 추측하는 능력을 기른다. 3차원 정보를 포함하고 있어 '스탬프' 과제보다 난이도가 높다.

'스탬프' 과제

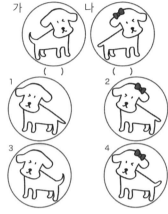

'마음속으로 회전' 과제

출처: 『의사가 고안한 코그 트레 퍼즐』(SB신쇼)

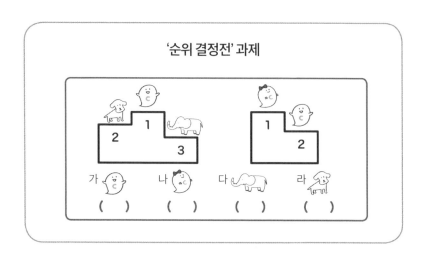

'순위 결정전'(142페이지)

표창대에 있는 결과를 힌트로 전체 순위를 상상한다. 각각의 관계성을 고려함으로써 전체를 추론하고 판단하는 힘을 기른다. 특히 비교 문제를 풀 때 도움이 되는 능력이다.

'이야기 만들기'(143페이지)

랜덤으로 배치된 그림을 보고 스토리를 상상하면서 올바른 순서대로 늘어놓는 과제다. 시간 개념이나 논리적 사고를 훈련한다. 또한 단편적인 정보에서 전체를 추론하고 판단하는 힘을 기른다.

'이야기 만들기' 과제

'상상하기'를 못하면 어떻게 되나?

코그 트레 중에서도 '상상하기' 문제를 제일 어려워하는 아이들이 많다.

'기억하기' '숫자 세기' '모사하기'는 기본적인 과제이고, '발견하기' '상상하기'는 발전적인 과제이다. '발견하기'는 확실히 형태를 파악하는 능력이 없으면 세부적인 부분까지 살펴보지 못하거나 사물의 차이를 이해하지 못하기도 한다. 또한 '발견하기' 능력이 있어야 다음의 '상상하기' 능력으로 나아갈 수 있다. 논리성 발달과 관계가 있으므로 '상상하기' 과제는 제일 어려울지도 모른다.

'상상하기' 능력이 부족하면 다음과 같은 일을 어려워할 수 있다.

- 사물의 이유나 배경 생각하기
- 상대의 입장이 되어 생각하기
- 순서대로 사물을 설명하기
- 적은 정보를 활용하여 다른 것을 유추하기
- 문장으로 된 수학 문제 풀기

9세의 벽과 '상상하기' 과제

초등학생의 발달 단계 중에 '9세의 벽'이라는 것이 있다. 일본의 문부과학성 홈페이지에 있는 '어린이의 발달 단계별 특징과 중시해야 할 과제'에 다음과 같은 내용이 있다(일부는 생략했다).

'9세 이후의 초등학교 고학년 시기에는 유아기를 벗어나 어느 정도 사물을 대상화하여 인식할 수 있게 된다. 대상과 거리를 둬 분석할 수 있게 되며, 지적 활동에서도 더욱 세분화한 추구가 가능해진다. 자신에 대해서도 객관적으로 볼 수 있게 되는 한편, 발달의 개인차도 현저해진다. 신체가 크게 성장하고 자기 긍정감을 가지기 시작하는 시기지만, 반면에 발달의 개인차도 크게 드러나므로 열등감을 느끼기 쉬운 시기이기도 하다.'

이것이 바로 '9세의 벽'이라고 불리는 것으로, 아이들은 9세 즈음을 경계로 보이지 않는 다양한 배경을 상상하는 능력이 생기거나 추상적 사고나 논리적 사고로 전환이 가능해진다. 예를 들어, 누군가가 거짓말을 하더라도 '그 배경에는 이러한 이유가 있으니 일부러 거짓말을 한 것이 아닐까' 하고 그 사람의 배경까지 상상할 수 있게 된다. 또한 학습 능력도 차이가 나기 쉬워서, 타인과의 비교로 인해 열등감도 생긴다.

여기서 말하는 9세는 정형 발달 어린이의 연령을 기준으로 삼고 있다. 그러나 경계성 지능이나 경도 지적 장애 아동이라면 정형 발달 어린이와 비교하면 대략 70~80퍼센트의 발달을 보이므로, 개인차는 있으나 12세 정도 즉, 중학생이 될 즈음 '9세의 벽'에 이르게 될 것이다. 그래서 초등학교에 다니는 동안에는 주변 친구들의 대화를 따라가지 못하거나 선생님의 지시를 이해하지 못해서 학습 이외의 상황에서도 어려움을 겪을 가능성이 있다.

코그 트레의 '상상하기' 과제는 이 '9세의 벽'의 발달 단계를 넘어섰을 때 수준을 대략적으로 상정하고 있다.

그러나 '상상하기' 과제는 초등학교 저학년에게는 다소 어려운 문제도 있으므로 억지로 이를 해결하게 무리해서 시킬 필요는 없다. 그전에 '기억하기' '숫자 세기' '모사하기' '발견하기' 능력을 제대로 길러두는 것이 중요하다.

이어서 코그 트레를 학교 교육 현장에서 활용한 예를 교사의 목소리와 함께 소개하고자 한다.

코그 트레 활용 사례 1

초등학교의 아침을 활용한 5분짜리 프로그램

이제까지 많은 학교 교사들로부터 '코그 트레를 수업에 도입하고 싶다' '활용법을 가르쳐 달라' 는 문의를 많이 받았다. 다음에 소개하는 간사이 지방에 있는 초등학교 교장 선생님은 『하루 5분! 교실에서 활용할 수 있는 코그 트레』(도요칸출판사)를 읽고 '바로 이 지도법이다!' 라고 직감했다고 한다.

이 교장 선생님은 다음과 같은 말씀을 해 주셨다.

"교실에서 '신경 쓰이는 아이'는 예전부터 몇 명이나 있었습니다. 그 아이들에게 우리 교사들은 당연히 개별 지도를 하거나 최선을 다해 지원을 아끼지 않았지요. 효과가 있었고, 조금은 회복의 조짐이 보였습니다. 하지만 안타깝게도 '완전 회복'까지는 이르지 못했어요. 여전히 '신경 쓰이는 아이'인 채로 시간이 흐를 뿐이었지요."

그런 답답한 마음을 품고 있던 차에 코그 트레를 접하게 됐다고 한다. 교장 선생님이 직접 코그 트레 활용에 대한 상세 내용이나 방법을 배운 후, 학교 교사들에게 코그 트레 도입을 제안하여 2020년 4월부터 아침 5분짜리 프로그램으로 전 학년에서 실시하게 됐다.

도입을 시작한 지 1년 정도가 지나자, 코그 트레의 과제를 마치는데 걸리는 시간이 점차 짧아졌다고 한다. 또한 이 초등학교에서는 전

학년을 대상으로 '코그 트레를 하면서 평소 수업과 생활에서 전보다 자신의 성장을 느꼈거나 변한 점이 있다면 무엇인가요?'라는 설문 조사를 했는데, 그 답변은 다음과 같다.

- **1학년**
  - 선을 깔끔하게 그릴 수 있게 됐다.
  - 빨리 계산할 수 있게 됐다.
  - 못 해도 포기하지 않는 마음이 생겼다.
- **2학년**
  - 도형 문제를 풀 수 있게 됐다.
  - 암산이 빨라졌다.
  - 남에게 정확하게 가르쳐 줄 수 있게 됐고, 실수도 줄었다.
- **3학년**
  - 옮겨 쓰는 게 빨라졌다.
  - 수학 수업에서 실수가 줄어들었다.
  - 입체 도형을 머릿속에서 움직이는 게 쉬워졌다.
- **4학년**
  - '찾기 계산' 덕분에 빠른 계산력이 생겼다.
  - 시선의 움직임이 빨라져서 문장을 빠르게 읽게 됐다.
  - 알아듣는 데 실력이 붙었다.

- **5학년**
  - 계산의 정답률이 올라갔다.
  - 머리를 쓰는 응용 문제를 많이 풀 수 있게 됐다.
  - 예전보다 글자를 더 많이 기억하게 됐다.
- **6학년**
  - 책 읽는 속도가 빨라졌고, 기승전결을 바로 알 수 있게 됐다.
  - 이야기 만들기나 문장을 쓰는 게 능숙해졌다.
  - 글자를 빠르고 깔끔하게 쓸 수 있게 됐다.

이와 같은 경험담을 통해서도 어린이들이 코그 트레를 긍정적으로 받아들이고 있음을 알 수 있다. 코그 트레 활용을 도입한 교장 선생님은 다음과 같이 말했다.

"아이들이 이제까지의 자기 능력과 비교해서 구체적으로 할 수 있게 된 일에 대해 말해요. 이 코그 트레 활용이 아이들의 능력을 비약적으로 키울 수 있다고 믿습니다."

학급 붕괴 위기에서 벗어나 차분한 반으로 변하다

다음으로 Y현에 있는 초등학교가 코그 트레를 활용한 사례를 소개한다. 이를 실천한 사람은 임상 심리사이기도 한 초등학교 교사다. '남의 이야기를 잠자코 듣지 못하고' '참을성이 부족한' 아이들의 지도에 어려움을 겪던 6학년 담임 교사와 협력해서 다음과 같은 두 가지 코그 트레 과제를 집중적으로 시행했다고 한다.

- '처음과 손뼉 짝'(읽어 주는 문장의 첫 단어 기억하기)
- '기호 찾기'(특정 기호를 표시하면서 세기)

'기호 찾기'의 오답 수(문제 시트 안에서 놓친 개수) 추이를 정리한 것이 다음 페이지의 도표다.

반 전체 인원(31명)과 담임 교사가 선정한 '신경 쓰이는 아이'(9명)의 결과를 비교해 보니, 반 전체 인원의 오답 개수(문제 시트 안에서 놓친 개수)는 하나 있을까 말까 하는 수준이었다. 그러나 신경 쓰이는 아이들의 오답 개수는 처음에 평균 일곱 개였지만, 훈련으로 점차 줄어들어 반 평균을 따라잡았다는 점을 알 수 있다.

또한 담임 교사가 출장을 가거나 해서 부재중일 때는 미리 코그 트레 문제 시트 중에서 도움이 될 만한 것을 몇 장 준비하고 이를 아이

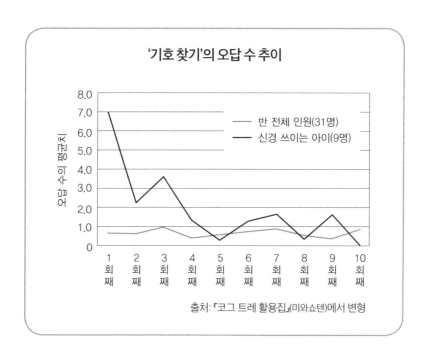

들에게 풀도록 했다. 이때는 학습면의 코그 트레만이 아니라 '배려 훈련(고민 상담실)'이라는 사회 면의 코그 트레나 '코그 트레 막대기(신문지를 둥글게 말아 만든 기다란 막대)'를 사용한 신체 면의 코그 트레 훈련도 했다. 코그 트레 막대를 사용한 훈련에서는 마지막에 여럿이서 막대기 캐치 놀이(상대방에게 던지고 잡는 것)를 해서 성취감을 느끼게 하여 활동을 종료했다.

　그 후 이 반에는 차분한 분위기가 감돌았으며 무사히 학년 말을 맞이했다. 담임 교사는 이 경험을 되돌아보며 다음과 같은 이야기를 했다.

"언제 학급 붕괴가 일어날지 몰라 걱정이었는데, 아이들이 점점 차분함을 되찾았어요. 뭔가 대단히 특별한 교육 활동을 한 것도 아닌데, 이렇게 변한 건 다 코그 트레 덕분이라고 생각합니다."

마지막으로, 코그 트레를 활용한 이 교사에게 다음과 같은 활용 팁을 들었기에 소개하고자 한다.

- '처음과 손뼉 짝'에서 말을 못 듣고 놓치는 아이는 주의가 산만한 편이라 선생님의 이야기 첫 부분을 듣지 못하고 놓칠 때가 많으므로, 수업 시 중요한 순간에는 자주 꼼꼼하게 말을 걸어 줘야 한다.
- '기호 찾기'나 '아이우 계산' 등의 과제 시트를 본 순간 과제가 많다고 느껴 집중력이 떨어지는 아이에게는, 평소에 과제를 조금씩만 내 줘서 하고 싶은 의욕이 들게 해야 한다.
- 과제의 난이도도 중요하며 '어렵다'라고 느끼면 대번에 의욕이 떨어지므로 '살짝 어려운' 과제로 맞추는 게 좋다.

이와 같은 코그 트레 활용 사례에 대해서는 『코그 트레 활용집』(미와쇼텐)에 자세히 나와 있으니 관심이 있다면 한번 읽어 보길 바란다.

코그 트레를 평가 요소로 활용한다

앞서 '코그 트레 활용 사례 2'에서 등장한 교사는 WISC 지능 검사만으로는 발달 수준을 알아내기 힘들 때, 코그 트레 과제 중 몇 장을 테스트에 활용해 보완했다. 코그 트레 과제는 실제 수업 장면을 상상하기 쉽고, 지능 검사만으로 판단하기 어려운 아이의 학습적 버릇(학습 진행 방식이나 집중력 등)을 파악하기 좋다는 특징이 있다.

여기서는 세 가지 코그 트레 과제를 사용하여 아이의 상태를 파악할 수 있는 평가 방법을 소개한다. 어디까지나 대략적인 기준이지만, 이 세 개의 코그 트레를 할 수 있느냐 여부에 따라 어디에 학습적 문제가 있는지 살펴볼 수 있다.

① '기호 찾기' 과제('숫자 세기' 문제)

다음 페이지의 문제는 여러 가지 기호가 늘어서 있는데, 그중에서 어떤 특정 기호(이 과제에서는 삼각형△)를 표시하면서 세는 과제다. 삼각형에 표시한 다음에 수를 세는 게 아니라, 표시하면서 동시에 수를 세야 한다. 정답은 54개다. 학년을 따지지 않고 평균적인 어린이라도 한두 개 놓치거나 실수할 수 있지만, 이 현상이 다발적으로 나타나는 어린이는(예를 들어 다섯 개 이상) 숫자 세는 능력이나 주의를 기울이는 능력이 낮다고 볼 수 있다. 실수가 잦은 아이에게는 속도보다 우선 천천히, 정확하게 숫자를 세도록 격려해야 한다.

'기호 찾기' 과제

△의 수를 세면서, 될 수 있으면 빨리 △에 ∨표시를 하세요.

```
☆◇○◎△○▽□◇☆△▽□◇○△□◇
◎☆○□☆△□◇△○○△□○◎▽◎△
○□☆◇△○☆○△○△◇◎☆△○▽◎
□◇△☆◎□○△◎△○□☆▽○△□◇
△□○▽☆□△◇○△◇△◎▽△◇□☆
○□△○△◇○▽□▽◎◇☆△○□○△○
△☆□◎◇◇△○☆△☆○△◎△□☆○
□△○◇○△☆◎○△○◇△☆□◎☆△☆
□◎◇○◎◇△▽□☆○○◎△□☆□△
◇○△□▽◎◎◇○△□◎☆▽○☆△○◇
△□○▽☆□△○△◇○◎△○◇△☆
○□△○△◇▽◎◇○△○□△○△☆□
◎◇△○▽□△○☆△○□◎◎○△□☆○
```

                        △은 (   )개

출처: 『코그 트레: 보고, 듣고, 상상하기 위한 인지 기능 강화 트레이닝』(미와쇼텐)

수학을 잘하지 못하는 아이 중에는 정확히 수를 세지 못하는 아이도 있다. 수를 정확히 세는 것은 수학에서 기초 중 기초이므로, 계산 문제를 풀기 전에 수를 제대로 셀 수 있는지부터 확인하자.

② '점 잇기' 과제('모사하기' 문제)

다음은 점 잇기 과제다. 코그 트레의 점 잇기는 점을 사선으로 이을 수 있게 한 것이 특징이다. 이 과제(잎사귀 모양)에도 비스듬한 선이 섞여 있어서, 이것을 따라 그릴 수 있는지가 포인트다. 가로세로 선은 잘 그려도 사선은 정확히 옮겨 그리지 못할 수도 있다. 대략 초등학교 2학년 정도의 80퍼센트가 정확히 사선을 따라 그릴 수 있지만, 초등학교 3학년이 되어도 제대로 그리지 못한다면 더욱 꼼꼼한 지도가 필요해진다.

특히 일본에서 글자로 자주 쓰이는 한자는 점으로 된 가이드도 없고, 획수가 많은 복잡한 형태여서 더욱 쓰기 어렵다. 따라서 한자를 외우지 못하는 아이에게는 한자 쓰기 연습 이전에, 혹은 동시에 이러한 점 잇기 과제를 풀게 하는 것을 권한다.

점 잇기를 할 때는 자를 쓰지 않고 손으로만 그리는 것이 핵심이다. 시각과 손가락 운동과의 연동성을 기르고, 손가락을 유연하게 잘 사용하는 것도 목적으로 한다. 초조해하지 말고 천천히 따라 그릴 수 있도록 도와주자.

'점 잇기' 과제

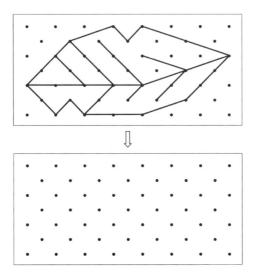

출처: 『코그 트레: 보고, 듣고, 상상하기 위한 인지 기능 강화 트레이닝』(미와쇼텐)

③ '형태 찾기' 과제('발견하기' 문제)

불규칙하게 늘어서 있는 점들 속에서 어떤 특정 형태를 찾아내는 '형태 찾기'는 형태의 항상성 능력을 살펴보는 과제다. 여기서는 정삼 각형이 열 개 숨어 있다. 지금까지의 조사 통계로는 초등학교 3학년 이면 아홉 개 정도를 찾아낼 수 있었다. 그러니 만약 다섯 개 정도밖 에 찾지 못하는 아이가 있다면 칠판 글자나 도형을 노트에 옮겨 적는 것이 어려울지도 모른다.

'형태 찾기' 과제

아래 네모 칸 안에 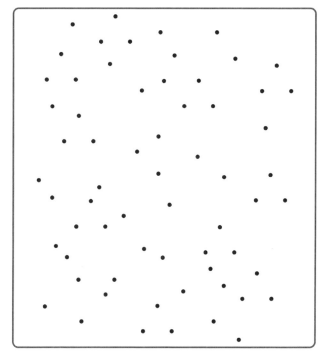가 열 개 있습니다. 그걸 찾아서 처럼 선으로 이어 보세요.

출처: 『의사가 고안한 코그 트레 퍼즐』(SB신쇼)

평가한 후에는 곧바로 훈련으로

코그 트레 외에도 평가에 사용할 수 있는 과제 시트들이 있지만, 코그 트레에는 학습 토대에 자리한 문제점을 발견하는 것뿐만 아니라 곧바로 같은 범주에 있는 과제를 활용하여 못하는 부분을 훈련할 수 있다는 특징이 있다.

예를 들어 WISC 검사로 부진한 부분을 발견한다고 해도, 그에 대처하기 위해 무엇을 사용하고 어떤 훈련을 해야 할지는 또 다른 문제다. 사실 그게 제일 중요한 부분인데, 이에 대해 명확한 답변을 하는 건 전문가라도 상당히 어려운 일이다.

그러나 코그 트레는 과제 시트를 활용하여 평가하고, 약점을 찾으면 그 과제 시트의 훈련을 그대로 해 나가는 방법을 취한다. 다시 말해, '기호 찾기'에서 정확히 수를 세지 못하면, 같은 '기호 찾기' 범주의 문제를 많이 도전해 봐야 한다는 뜻이다.

코그 트레 과제 시트는 모두 답이 다르다. 예를 들어서 코그 트레에 포함되는 '기호 찾기 ①'이라는 과제는 모두 삼각형의 수를 세어 보라는 같은 방식이지만, 시트 별로 전부 답이 다르다. 따라서 답을 기억할 수 없고, 과제를 풀 때마다 매번 정확히 수를 세어야 한다. 그게 바로 코그 트레의 '숫자 세기' 훈련이다.

인지 능력보다도
비인지 능력이 중요하다?

지금까지 인지 기능의 강화 트레이닝을 목적으로 한 '코그 트레' 과제를 소개했다. 그런데 코그 트레가 세상에 점점 알려지면서 "중요한 것은 '비인지 능력'인데 코그 트레는 인지 기능만 중시하는 위험한 훈련이 아닌가?"라는 말을 들을 때가 있다.

학력이나 IQ 같은 수치로 측정하는 '인지 능력'과는 달리 협동성이나 의사소통 능력, 배려심 등을 '비인지 능력'이라고 한다. 최근에는 '비인지 능력이 중요하다'라는 풍조가 생기고 있는데, 사실 '비인지 능력'이라는 말 자체는 모호해서 어떤 것을 지칭하는지 정확한 정의가 없다. 그리고 군이 비인지 능력이라는 단어를 사용하지 않아도, 협동성이나 배려심 등이 중요하다는 점은 누구나 다 아는 사실이다.

한편, 상대방의 표정을 보고 기뻐하는지, 화가 났는지, 당황했는지를 파악하려면 '보는 능력'도 '상상하는 능력'도 필요할 것이다. 보고 상상하는 능력은 인지 기능 능력 그 자체다. 비인지 능력이라고 하는 협동성이나 의사소통 능력이 요구되는 상황에서 상대방의 표정을 읽거나 남의 마음을 상상하고 다음에 어떤 행동을 해야 좋을지 생각하려면, 모두 '인지 기능'이 토대가 되어야 할 것이고, 결국 인지 능력과의 관계가 깊다는 점을 의심할 여지가 없다.

결코 비인지 능력이 중요치 않다는 뜻이 아니다. 인지 능력과 비인지 능력 모두 중요하다고 생각한다.

약한 인지 기능은
서투른 대인 관계로 이어진다

앞서 상대의 표정을 읽고 그 마음을 상상하는 것에도 인지 기능이 필요하다는 이야기를 했다. 인지 기능이 약한 아이는 학습 부진만이 아니라 대인 관계에서도 문제가 생기기 쉽다. 보는 능력이나 듣는 능력, 상상하는 능력 같은 인지 기능이 약하면, 대인 관계에서 다음과 같은 문제가 발생할 수 있다.

- 상대방의 표정이나 불쾌감을 읽지 못하고, 그 자리의 분위기 파악을 못 한다.
- 남의 심정을 이해하지 못한다.
- 상대방의 이야기를 알아듣지 못한다.
- 이야기의 배경을 이해하지 못하고 대화를 따라가지 못해서, 자꾸 대화가 끊긴다.
- 자기 행동이 가져올 결과를 예상하지 못한다.

그 결과, 친구와 의사소통이 잘 이루어지지 않아서 친구가 생기지 않거나, 친구에게 불쾌함을 줘서 미움을 받거나, 괴롭힘을 당하거나 혹은 최악의 경우 따돌림을 당하고 싶지 않다는 마음에 나쁜 친구가

하는 말을 듣기도 하는(좀도둑질 등을 강요받는) 등 부적절한 행동으로 이어질 가능성도 있다.

감정 문제로 어려움을 겪는 어린이의 두 가지 유형

감정 문제로 어려움을 겪는 아이에는 두 가지 유형이 있다. 한 가지는 남의 마음을 이해하지 못하는 아이, 또 하나는 자기감정을 제어하지 못하는 아이다.

보호자나 교사는 우선 아이가 어떤 유형에 해당하는지 파악하는 것부터 시작해야 한다.

전자인 '남의 마음을 이해하지 못하는' 경우에는

① 상대방의 '표정 인지'에 문제가 있지는 않은가(표정 자체를 읽어 낼 줄 아는가)?

② 표정 이외의 정보나 상황을 고려해서 상대방의 심정을 파악할 수 있는가?

와 같은 과제가 있다.

①을 할 줄 모른다면, 희로애락 등이 그려진 '표정 카드'를 이용해서 표정으로 감정을 읽어 내는 연습을 하는 게 좋다.

②에서처럼 상대방의 감정을 파악하는 게 어려운 경우라면, 다양한 상황 체험을 통해 상대방의 심정을 생각해 볼 기회를 늘려야 한다.

다음으로 '자기감정을 제어하지 못하는 아이'의 사례를 소개하겠다.

선생님으로부터 칭찬을 받으면 화를 내는 C군

국어 시간에 글자 쓰기를 연습하고 있었다. 글자 쓰기가 서툰 C군이 집중하고 있기에, 선생님은 "C야, 열심히 하고 있구나! 오, 글자도 예쁘게 썼는걸? 이렇게 정성 들여 쓰다니 기특해!"라고 과장되게 칭찬했다.

선생님은 당연히 C군이 기뻐할 줄 알았는데 C군은 갑자기 벌떡 일어서서 선생님에게 "그러지 좀 마세요!"라고 버럭 소리치며 교실을 뛰쳐나갔다. 나중에 선생님이 C군에게 왜 교실을 나갔느냐고 묻자 C군은 "칭찬 때문에 부끄럽고 싫었어요"라고 대답했다.

화를 내는 아이의 배경에 있는
'놀림받았다'라는 감정

왜 C군은 칭찬을 받았는데 화를 냈을까?

자신의 감정 제어를 못 하는 아이, 화를 내는 아이의 배경에는 '분노'가 자리할 때가 많다. 왜 분노하느냐면 '놀림받았다' '내 마음대로 되지 않는다'라고 느낄 때가 많기 때문이다.

C군 역시 선생님의 과한 칭찬 때문에 '놀림받았다'고 인식한 듯하다. 반면에 마찬가지로 칭찬을 받았을 때 "선생님, 고맙습니다"라고

감사 인사를 하는 아이도 있을 것이다.

그럼 왜 C군은 칭찬을 받았는데도 '놀림받았다'고 느꼈던 걸까? 거기에는 C군이 '스스로에게 자신감이 없다'라는 마음이 깔려 있을 가능성이 있다.

자신감을 갖지 못하는 배경으로는 수업 내용을 따라갈 수 없다, 차분하지 못해서 선생님께 주의를 듣는다, 선생님의 설명을 이해하지 못한다, 친구와 잘 어울리지 못한다, 운동이 서툴다… 등의 원인을 추측해 볼 수 있다.

C군은 항상 글자를 못 써서 늘 선생님께 글자를 제대로 쓰라는 꾸중을 들었기 때문에 '나는 정말 바보인가 봐. 선생님은 날 멍청하다고 생각하겠지…'라고 피해 의식이 강해진 상태였다.

그런데 이 사례에서 선생님은 평소보다 더 노력하는 C군을 보며 '이건 기회다!'라고 생각하며 과하게 칭찬을 했다. 하지만 C군은 '보나 마나 제대로 글자도 못 쓰는 나를 속으로는 바보 취급하고 있을 거야. 부끄러워'라고 느꼈다.

이렇게 선생님이 아이를 칭찬하는 아주 사소한 사건(자극)임에도, 아이 내면에서는 과거의 실패 경험과 쉽게 연결되어 그 사건 자체가 그 아이의 '안심감'을 빼앗는 결과로 이어지는 경우가 있다.

안심감을 빼앗겼을 때 사람은 '싸운다' '도망친다' '굳어 버린다' 중 어느 하나의 반응을 보이게 된다.

'그러지 좀 마세요!'라고 화를 낸 것이야말로 즉 '나를 위협하는 적

솔직히 기뻐하는 아이 =
자신감이 있는 아이

반감을 품는 아이 =
자신감이 없는 아이

과 싸우는' 상태라고 할 수 있다. 게다가 C군의 경우, 아예 교실을 뛰쳐나가 도망치고 말았다.

분노하게 된 다른 원인으로 '내 마음대로 되지 않는다'라는 생각도 있다. 여기에는 '상대방에 대한 요구가 강하다' '자기 고정 관념이 세다' 같은 경향이 근거한다. 그러나 '상대가 이렇게 해 주면 좋겠다!' '사람은 이래야지!'라고 아무리 바라더라도, 상대방이 항상 내 뜻대로 움직여 줄 리는 없다. 그렇게 내 마음대로 되지 않았을 때 내가 존중받지 못했다는 불만이 생기고, 그게 분노로 바뀌어 이를 잘 처리하지 못해 화를 내게 되는 것이다.

감정 제어가 서툰 어린이를 돕기 위해서는

화를 잘 내는 아이에게 감정 제어를 하는 방법을 가르쳐 줄 때, 어른은 대개 "지금 어떤 기분이니?"라고 질문하고, 아이에게 자신의 감정을 말하게끔 한다. 그런데 사실 이는 별로 좋은 행위라고 보기 어렵다.

반대로 생각해 보면 더 이해하기 쉬울 것이다. 무슨 일이 있을 때마다 "지금 당신은 어떤 기분인가요?"라고 물어보면 누구나 짜증이 나지 않을까. 특히 실패나 실수, 잘못을 저질렀을 때 자기감정을 말로 표현하는 것은 매우 괴로운 일이다. 그런 고통을 아이가 겪게 해서 좋은 결과를 얻을 수 있을 리는 만무하다.

그런데 자기감정을 표현하는 건 어렵지만, 의외로 다른 이의 감정을 두고는 대답하기 쉽다. 예를 들어 텔레비전을 볼 때 "지금 저 사람은 심정이 어떨 것 같아?"라고 퀴즈처럼 묻는 것이다.

"열받은 것 같아."

"시무룩한 얼굴이야. 풀이 죽었네."

"잔뜩 신이 난 것처럼 보여."

이렇게 뜻밖에도 아이에게서 쉽게 대답이 나온다.

감정 제어를 어려워하는 아이나 상대방의 감정을 잘 이해하지 못하는 아이라면 우선 '남의 감정을 말해 보기' 연습부터 시작하면 좋다. 그렇게 '감정'이라는 것에 저항감을 낮추고, 감정과 마주하는 연습을 하

게 하자.

이 연습은 인지 기능 수준과 상관없이 감정 제어를 어려워하는 사람 모두에게 적용할 수 있다. 원래 감정 제어라는 건 어린이만이 아니라 성인에게도 쉽지 않다. 지위가 높은 사람, 영리한 사람, 나이가 많은 사람 중에서도 쉽게 화를 내고 금세 언짢아하는 사람은 얼마든지 있다. 그러니 10년 정도 산 아이가 그런 기술을 자연히 몸에 익히는 건 매우 힘든 일이 아닐 수 없다.

상대방의 반응을 피드백하여
'나 자신을 이해한다'

그렇게 '저 사람은 지금 어떤 심정일까?'라는 것을 여러모로 평가하는 사이에 '그럼 나는 어떨까? 이럴 때 난 어떤 기분이 들까?' 하고 감정에 대해 깨닫게 된다. 남을 평가하는 능력이 생기면서 점점 자연스럽게 나 자신을 객관적으로 평가할 수 있게 되는 것이다.

그뿐만 아니라 자신의 언동으로 상대방이 어떤 반응을 보이는지 피드백을 받아 '나 자신을 이해하게 되는' 방법도 있다.

예를 들어, 상대방과 이야기를 하다가 그에게서 미소가 되돌아온 다면 '나를 좋아하는구나'라고 느낄 것이고, 반대로 뚱한 표정을 짓고 있다면 '내가 마음에 안 드는 걸까'라고 생각하게 될 것이다. 그런 경험을 거치면서 '나는 호감을 살 때도 있고 반대로 미움을 살 때도 있다'라는 사실을 깨닫게 된다. 이렇게 '피드백 경험'을 거듭하며 상대방과의 관계성 속에서 내가 어떤 사람인지 이해할 수 있다.

그러나 '상대방이 슬퍼하는데도 즐거워하는 것으로 이해하는' 경우가 있다면, 그건 피드백이 올바르게 이루어지지 않았다는 뜻이다. 거기에는 인지 기능의 저하가 관계되어 있을 가능성이 있다. 자신을 올바르게 이해하기 위해서라도 인지 기능은 역시 중요하다고 할 수 있겠다.

제 4 장

어린이의 가능성은
어떻게 키울 수 있을까?

제일 큰 문제는
'공부를 할 수 없다'는 점

나는 아이의 학교생활에서 가장 중요한 것은 '공부'라고 생각한다. 그렇게 말하면 학교에서는 교우 관계나 집단생활 속 행동도 중요하고, 중학교라면 동아리 활동도 중요하지 않냐는 반론이 나올지도 모르겠다. 그렇지만 학교에서 지내는 대부분의 시간 동안 아이들은 수업을 듣고 교과 학습을 배운다. 만약 그 대부분의 시간 동안 학습을 따라가지 못하고 아이가 괴로워한다면 어떨까?

아이 본인에게 직접 물어보는 게 가장 좋겠지만, '공부를 잘하지 못해도 친구가 많이 있으니 괜찮다'라는 어른들의 말만 듣고 과연 아이는 괜찮다고 느낄까. 물론 공부를 잘하면 친구가 없어도 되는 것도 아니다. 학생이라면 공부를 못하는 것보다 잘하는 게 더 낫고, 보호자도 자기 아이가 조금이라도 잘해 내는 걸 바랄 것이다.

진료실이나 교육 상담으로 오는 자녀와 보호자의 고민을 들어 보면, 그것이 더욱 절실하게 느껴진다. 한 아이는 초등학교 저학년 때만 해도 공부를 잘하지 못하는 것에 크게 신경 쓰지 않았지만, 학년이 올라갈수록 주변과 비교해서 자신이 공부를 못한다는 걸 깨닫고 점차 풀이 죽었다고 한다. 또 어느 보호자는 '공부 못한다는 게 주변에 알려지면 오히려 괴롭힘을 당하지 않을까' 하고 걱정까지 했다.

한때 나는 소아 정신과 외래로 온 어린이가 공부를 못하는 것에 대해 '괴롭다'고 호소하는데도, 왜 공부 관련 상담을 제대로 해 줄 수 없는 것인가 답답함을 느낄 때가 많았다.

"우리 아이는 공부할 때 이런 부분을 못해서…. 어떻게 하면 좋을까요?"

그런 문의를 받아도, 의사로서 아무 대답도 할 수 없을 때는 무력감마저 느꼈다. 어린이의 마음을 보살피는 게 소아 정신과 의사가 할 일인데도 정작 아이가 힘들어하는 학습에 대한 도움을 줄 수 없다는 게 참 이상한 이야기가 아닐 수 없다.

물론 학습 지원은 교육 환경에서 해결되어야 한다는 의견이 있을지도 모르겠다. 그러나 실제로 눈앞에 공부로 어려움을 겪는 아이가 있고 그 배경에 인지 기능 문제 가능성이 있다면, 이에 대처하는 것도 소아 정신과 의사의 일 중 하나라고 나는 생각한다.

그 어린이가 학습에서 느끼는 어려운 부분을 파악한다

경계성 지능을 가진 아이들이 교육 상담을 받으러 많이 온다. 그러나 부모들은 '우리 아이가 경계성 지능일까?'라는 생각으로 오는 게 아니라 '왜 수업을 따라가지 못할까?' '왜 공부를 잘하지 못할까?'라는 고민으로 상담을 받으러 왔다가, 그때 지능 검사를 했더니 경계성 지능이

나와 알게 되는 경우가 대부분이다.

제2장에서 이야기한 것처럼 학습이 부진하고 서툰 이유에 대해서는 WISC 지능 검사만으로는 쉽게 알 수 없다. 따라서 나는 WISC로 아이의 지능 수준을 대략적으로 살피고, 구체적으로 어떤 부분에 부족함을 느끼는지 코그 트레 과제 시트를 추가 사용해서 평가하는 방법을 취하고 있다.

예를 들어 '숫자 세기' 문제의 '기호 찾기'에서 주의하지 못해 생기는 실수가 잦다거나, '합치기' 문제에서 수의 합이라는 '양'의 숫자 개념이 아직 잡히지 않았다면, 구체적으로 어려워하는 점이 무엇인지 파악할 수 있다. 그러면 바로 그 부분을 훈련하도록 방향을 제시한다.

또한 심리사가 학교에 교육 상담 결과를 전할 때, 코그 트레 과제 시트를 첨부하여 구체적인 학습 지원책을 함께 이야기할 수 있도록 하고 있다.

아직 시행 단계지만 코그 트레의 대표적인 과제에 대해 수천 명 규모로 수집한 어린이들의 정답률 데이터가 있다. 몇 학년이면 이 정도의 과제를 얼마나 해낼 수 있는가 하는 기준이다. 그런 데이터를 기준으로 몇 종류의 과제 시트를 수행하게 하고, 못하면 더 쉬운 레벨로 바꾸거나, 해냈을 때는 조금 더 어려운 것으로 레벨을 높인다. 그렇게 아이의 수준이나 할 수 있는 과제, 못하는 과제를 살핀다. 이런 방식으로 부족한 부분을 확인해 나가는 것이다.

코그 트레 과제 시트를 통한 어린이의 지능 진단에는 어느 정도 경험이 필요하다. 일본 COG-TR 학회에서는 코그 트레 사용법을 소개하거나 체험하면서 배우는 워크숍을 수시로 열고 있다.

지적 장애 어린이도 성장 가능성이 있다

아이의 인지 기능 면에서 부족한 부분을 밝히고, 그 분야의 훈련을 시키는 이유는 인지 기능이 성장할 가능성이 남아 있기 때문이다. 물론 기능이 잘 크지 않는 아이도 있지만, 쑥쑥 키울 수 있는 아이가 있는 것도 사실이다. 어떤 방법을 쓰느냐에 따라 인지 기능의 일부가 명백히 성장하는 아이를 수없이 봐 왔다.

실제로 코그 트레를 통해 옮겨 쓰기 능력이 높아지고 숫자를 세는 시간이 빨라진 아이들도 많은데, 과제를 잘할 수 있게 된 이유야 물론 연습 효과도 있지만 인지 기능의 일부가 상승한 효과라고 본다.

일반적으로 'IQ는 평생 바뀌지 않는다'라고 하는 의사도 있지만, 앞서 2장에서도 나는 '100퍼센트 그렇다고 증명하는 게 더 어렵지 않을까' 하는 의견을 제시했다. 한때 경도 지적 장애나 경계성 지능이라고 판정된 아이들이 몇 년 후 평균적인 IQ가 됐다는 사례를 종종 듣기도 했고, 교육이나 의료 관계자라면 그런 사실을 당연히 알고 있다. 물론 환경 변화도 포함해서 신중히 검증해야 할 필요는 있지만, 어린이의

IQ는 주변 어른과 어떤 관계를 맺느냐에 따라 달라질 가능성이 어느 정도 있을 것이다.

그리고 뇌에는 '가소성'이 있다. 뇌는 외부에서 오는 자극에 따라 항상 기능적으로 변화하고, 구조적인 변화도 일으킨다. 신경 조직이나 회로가 변하는 성질이 있다는 뜻이다. 성장기 어린이의 뇌라면 더더욱 그 능력이 커질 가능성이 있지 않을까?

발달 장애와 지적 장애의 인지 기능에 대한 지원 방식은 기본적으로 같다

발달 장애에 대한 의료적 대응은 '대증요법對症療法'에 가깝다. 즉, ADHD로 부주의나 과다행동, 충동성 등이 보이고 그로 인해 적응이 어렵다면, 그런 것들에 개선 효과가 있는 약을 복용시켜 증상을 완화하는 것이다. 그리고 사춘기 정도가 되어서 스스로 부주의나 과다행동을 제어할 수 있게 되면 약을 줄인다. 단, 직접적으로 부주의, 과다행동, 충동성 자체를 치료하는 목적의 일은 일반적으로 하지 않는다. 자폐 스펙트럼만 해도 고집이 세거나 분위기를 읽어 내지 못하는 증상이 있어도, 그 특성을 어떻게든 고치려는 방식은 의료적 주류가 아니다.

그러나 발달 장애에도 인지 기능의 불균등이 있기에, 그 부분을 개선하기 위한 목적으로 치료적 개입을 하는 일은 앞으로 늘어날지도 모른다. 그러한 인지 기능에 대한 지원 방법은 물론 개인적 차이야 있겠지만 지적 장애와 기본적으로는 같을 것이다.

경계성 지능은 특수 학습으로 가야 하는가, 일반 학급으로 가야 하는가?

한 연구소의 조사 단체에서 문부성(당시) 초중등 교육국장 앞으로 전달한 「경도심신장애아에 대한 학교 교육이 갖춰야 할 모습」이라는 보고서(1978년)에 다음과 같은 문장이 있다.

'지적 발달이 다소 늦어지긴 하나 지적 장애가 아닌 아동 및 학생(이하 '경계성 아동'이라고 한다)은 원칙적으로 일반 학습에 두고 유의해서 지도할 것.'

이는 원칙적으로 경계성 지능 어린이가 일반 학급에서 학습해야 한다는 뜻이다. 사실 그때까지만 해도 경계성 지능 어린이는 특별 지원 학급(당시에는 '특수 학급')에 들어가는 것이 일반적이었다. 하지만 그렇게 하면 담당 교사도 필요하고, 살펴야 할 아이들의 수도 많아져서 힘들어진다. 또한 특별한 지원이 정말로 필요한 아이들의 교육까지 힘을 기울일 수 없게 된다.

그런 교육 환경 속에서 앞서 언급한 보고가 이루어진 결과, 경계성 지능 어린이는 일반 학급에서 보살피도록 하자는 것이 주류가 됐다.

그리고 이 보고서 방침이 현재까지 지속되고 있다. 현재도 경계성 지능 자체는 장애가 아니라 공부가 좀 서툴러서 일반적인 학습 과정을 따라가지 못하는 것이라고, 아슬아슬한 선에 걸쳐진 것으로 보고 있다.

한편 특별 지원 학급은 일반적인 초, 중학교 안에 설치된 학급으로, 장애가 있는 아이들에 대해 학습면, 생활면에서 지도가 이루어진다. 기본적으로 한 반(담임 교사는 한 명)에 학생 여덟 명까지로 정해져 있으며*, 일반 학급보다 적은 인원으로 구성된다. 그래서 더욱 꼼꼼한 지원을 기대할 수 있다.

그럼 경계성 지능의 경우, 특별 지원 학급과 일반 학급 중 어느 학급을 선택해야 할까? 현재는 일반 학급에 편성되고 있는데, 그렇기에 새로운 문제가 발생하여 현재 다시금 경계성 지능이 주목받는다고 할 수 있겠다. 그저 획일적으로 특별 지원 학급과 일반 학급을 결정하는 게 아니라 케이스에 따라 유연하게 대처해야 한다고 생각한다.

'보조 교사 추가 배치'가 필요하지만…

앞서 언급한 보고서에는 '일반 학급에서 경계성 아동을 지도할 때, 학급 편제 및 교육 과정의 편성 등의 배려 외에 필요에 따라 특별한 학

● 우리나라의 '장애인 등에 대한 특수교육법' 제27조에 의하면 초등학교 및 중학교 과정의 경우, 특수 교육 대상자가 1인 이상 6인 이하의 경우 1학급을 설치하게 되어 있다.

습장을 마련하는 배려를 시행할 것'이라는 문구도 있다. 사실은 어려움을 겪는 아이들을 지원할 수 있는 '보조 교사 추가 배치'가 가장 좋지만, 경계성 지능은 '확실한 장애'로는 받아들여지지 않아서 현 상황에서는 매우 어렵다.

그럼 경계성 지능 어린이에게 학교는 어떤 지도를 해야 하는가?

"반에 유난히 마음이 쓰이는 아이가 있어요. 공부에 좀 어려움을 겪죠. 장애가 있다고까지 말할 정도는 아닌데… 다만 뭔가 좀 더 다른 배려가 필요한 것 같아요."

나는 이런 식으로 고민하는 선생님의 목소리를 자주 듣곤 한다.

반에서 신경이 쓰이는 아이가 '혹시 경계성 지능은 아닐까' 하고 어렴풋이 알아차리는 교사도 늘어나고 있다. 그렇지만 구체적으로 어떻게 지도하면 좋을지 몰라 시행착오를 겪는 단계로 보인다.

'힘내라'라는 격려를
잘 구분해서 사용해라

경계성 지능이란 기본적으로 IQ 70 이상, 85 미만에 해당하는데, 쉽게 말해 IQ 80이면 같은 나이의 어린이(평균치는 IQ 100)와 비교했을 때 80퍼센트 정도의 발달 수준이라는 뜻이다.

평균의 80퍼센트라면 언뜻 보기에 그렇게 걱정할 필요가 없을 듯하지만, 10세 어린이(초등학교 3학년) 중에 8세 어린이(초등학교 1학년)

가 섞여 있다면 그 아이는 수업을 따라가기 상당히 어려울 것이다.

그러나 교사나 보호자 같은 주변 어른이 아이들이 어려움을 겪는 원인을 알아차리지 못하면, 이제까지 몇 번이나 언급했던 것처럼 단순히 '의욕이 없다' '노력이 부족하다' '인내력이 없다'라는 식으로밖에 받아들이지 못하게 된다.

어른들은 커 오면서 이제까지 '힘내고 노력해서 여러 일을 달성했다'라는 성공 경험을 어느 정도 갖추고 있다. 그래서 누구든지 간에 '노력하면 된다'라고 생각하는 경향이 있다. 눈앞에 힘들어하는 아이가 있으면 격려할 셈으로 '더 힘내 봐!' '하면 돼!'라는 말을 아무 생각 없이 던지기 십상이다.

그러나 경계성 지능 아이가 끌어안고 있는 괴로움은 '하면 된다'와 같은 문제가 아니다. 오히려 그 '힘내라'라는 격려가 힘들어하는 아이에게 더 부담만 줄 우려가 있다.

본심은 '다른 아이들과 똑같아지고 싶다'

그럼 '그 상태로도 괜찮아' '굳이 노력할 필요 없어'라는 말을 하는 게 나을까? 꼭 그렇다고 할 수는 없다. 그런 말을 할 때는 주의가 필요하다.

아이 본인이 '이 상태로도 괜찮다'라고 생각하는지, 어른들은 잠시 멈추고 생각해 봐야 한다.

'다른 아이들과 똑같아지고 싶다.'

'나만 못하는 게 괴롭다.'

'이해를 하지 못하는 것이 싫다.'

경계성 지능 어린이만이 아니라 학습에 어려움을 겪는 아이들 대부분은 속으로 이렇게 생각하지 않을까?

내가 소년원에서 교정 의관으로 근무했을 때의 일이다. 소년들에게 쌓여 있는 도형이 좌우나 뒤에서 어떻게 보이는지 '상상하는' 문제(마음속으로 회전시켜 보기 과제)를 풀게 했는데, '모르겠다'라고 대답하는 소년이 딱 한 명 있었다. 실제로 쌓여 있는 나무토막을 봐도 '모르겠다'라고만 답했다.

내가 무심코 "왜 모르는 걸까"라고 중얼거리자, 그 아이는 다른 아이들 앞에서 갑자기 울음을 터트렸다. 나도 모르는 사이에 심한 상처를 주고 만 것이다. 그 경험을 통해 '다른 사람들은 다 아는데 나만 모른다'라는 게 얼마나 괴로운 일인지 깨닫게 됐다. 많은 아이들이 그괴로움을 없애고 싶고, 이를 바꿔 말하자면 '나도 할 수 있으면 좋겠다'라는 바람을 가지고 있는 게 아닐까.

그런 마음을 가진 아이들에게 '그 상태로도 괜찮아' '굳이 노력할 필요 없어'라는 말을 안일하게 하면 어떻게 될까. 적절한 지원만 해 주면 성장할 수 있는 아이들의 미래에, 도전 기회조차 주지 않는 꼴이 될지도 모른다.

그래도 '다른 사람들과 똑같아질 필요는 없다. 지금은 다양성의 시대니까'라고 주장하는 이도 있을지도 모른다. 그 주장은 매우 당연하며, 오늘날은 다양성이 존중받고 있는 시대이기도 하다. 그러나 어른이 생각하는 다양성의 개념을 아이들에게 그대로 적용할 수는 없다. 왜냐하면 어린이들은 다양성 이전에 우선 '다른 사람들과 똑같이' 할 수 있게끔 되고 싶다고 절실히 바라기 때문이다.

나는 '개성으로서의 다양성 존중'은 본인 안에서 '다른 사람과 똑같이'라는 과제를 해결하고 나서 이루어지는 다음 단계라고 생각한다.

어린이의 성장 목표는 '자립'

우리가 어려움을 겪는 아이들을 도와주고자 하는 목적은 어린이들이 더욱 크게 성장하여 최종적으로는 '자립'하길 바라기 때문일 것이다.

그럼 아이의 성장을 촉진하고, 궁극적으로 자립하게 하려면 부모나 학교 교사 등 가까운 어른이 어떻게 해야 할까?

나는 주변 어른이 아이들의 '옆에서 같이 뛰어 주는 사람'이 되길 바란다.

아이가 뭔가에 도전했을 때 제대로 못 해서 힘들어할지도 모른다. 그렇게 시행착오를 반복하며 시련으로 불안해할 때는 "괜찮아. 내가 도와줄게"라며 말을 걸고, 아이가 필요할 때만 도움을 주는 것이 바로 옆에서 함께 뛰어 주는 사람이다.

아이가 하는 일에 앞서서 '그게 아니야' '이렇게 해야지'라고 참견하

너무 바짝 다가가지도,
너무 떨어지지도 않은 거리에서 아이를 지켜본다

는 건 절대로 함께 뛰는 사람이 아니다. 앞서 나가서 도움을 주는 게 더 편할지도 모르겠지만, 그건 아이의 발달 및 성장에 방해만 되는 행위로, 오히려 아이의 자립이라는 목표에서 멀어지기만 한다.

아이를 지켜볼 때 중요한 것은 너무 바짝 다가붙지도, 너무 멀리 떨어지지도 않은 적절한 거리감이다. 아이에게 너무 가까이 다가가 하는 일마다 앞질러 도움을 주면 자립에 방해만 되고, 반면에 아이에게 관심이 너무 적어 문제가 생겼을 때 도와주지 못하면 아이를 불안하게 만들 뿐이다.

'항상 지켜보고 있고, 언제든 도와줄 수 있다'라는 확신이 있을 때, 아이는 불안해하면서도 새로운 일에 도전할 수 있게 된다. 실패해서 넘어지더라도 다시 일어나 뛸 수 있다. 나는 그런 식으로 아이가 스스로 할 수 있는 일을 늘리고, 점점 자립이라는 목표 지점으로 나아가길 바란다.

어린이를 움직이게 하는 건
'함께해 주는 어른의 모습'

모든 아버지와 어머니는 '옆에서 같이 뛰어 주는 사람'으로서 아이를 지켜보고 싶다는 마음을 가지면서도, 자꾸 참견하게 될 때가 있을 것이다.

예를 들어, 집에서 게임에만 푹 빠져 있는 아이에게

"공부 좀 해!"

"숙제 다 했니? 숙제부터 해야지!"

라는 식으로 잔소리 한두 번은 하고 싶어질지도 모른다.

경계성 지능만이 아니라 수업에 잘 따라가기 어려워하는 아이들은 가정에서 학습 습관을 기르는 것도 필요하다. 그러니 부모가 자녀에게 좀 더 공부 습관을 들이게 하고 싶은 심정은 이해가 간다. 하지만 부모 자신은 어떨까. 아이는 가까운 어른인 부모를 모델 삼아 여러 가지를 배운다. 아이가 공부하도록 이끌고 싶다면 부모도 공부하는 모습을 보이는 게 제일이라고 생각한다.

아이를 움직이게 하는 건 '공부해!' '숙제해!'와 같은 일방적인 지시가 아니라 '같이 해 보자'라는 말 한마디다.

아이가 하고 싶어 하지 않거나 잘하지 못하는 일을 할 때, 부모도 '같이 하는 것'이 해결책이 될 것이다. 아이는 부모가 지켜보는 덕분에 서툰 일이라도 행동으로 옮기기 쉬워진다.

수업을 따라가는 게 어려운 아이에게 추천할 만한 교재로, 자화자찬 같긴 하나 '코그 트레'가 좋다. 코그 트레는 퍼즐이나 퀴즈 같은 느낌으로 과제 해결에 집중할 수 있다. 그렇지만 그것도 아이만 하게 시키는 게 아니라 부모님과 자녀가 함께 해 보는 건 어떨까.

'숙제는 다 했니?'라는 부모의 물음은
아무 의미도 없다

아이와 '같이 뛰어 주는 사람'이 되고 싶어도 "우리 아이는 '지금 숙제 하려고 했어'라고만 말하고 좀처럼 하지 않아요. 그러니까 제가 단단히 일러둬야 한다고요"라고 주장하는 부모가 있을지도 모른다. 아이에게 한소리 하고 싶은 기분이야 이해하지만, 늘 '어서 해!'라는 말을 한다면 아이가 스스로 행동할 기회를 뺏을 수도 있다.

> 아이: (게임 하면서 속으로 생각한다) '이제 슬슬 숙제 좀 해 볼까.'
> 부모: "아직도 게임 하니? 숙제는 했고?"
> 아이: "지금 하려고 했어."
> 부모: "정말? 빨리 숙제부터 해."
> 아이: "알아서 할 테니까 신경 쓰지 마!"

만약 아이가 정말로 '지금 하려고 했다'면 '숙제는 했니?'라는 물음은 아이의 의욕을 꺾어놓는 꼴이 된다. 할 마음이 사라진 아이는 '신경 좀 쓰지 마!'라고 대꾸하고 만다. 왜냐하면 그때 만약 부모가 시키는 대로 숙제를 한다면, 단순히 부모의 지시를 따랐다는 결과만 남기 때문이다.

한편, 부모 입장에서 봤을 때 '숙제는 했니?'라고 물었다가 우연히 아이가 숙제를 시작하기라도 하면, '역시 내가 말을 하는 게 좋구나' '말 안 하면 얘가 숙제를 안 하겠네'라고 자기 지시가 효과가 있다고 착각하게 된다. 그렇게 되면 이후로도 '숙제했니?' '어서 해'라고 계속 말하게 된다.

그러나 아이는 의욕이 없으면 무슨 소리를 들어도 하지 않는다. 그러면 부모는 '더 강하게 말해야 하나…'라고 착각하고, '숙제 다 했어?!' '당장 하지 못해!'라고 계속 고함만 치게 된다.

아이가 집에 돌아와서 숙제보다 먼저 게임에 빠져 있는 모습을 보면 부모로서는 한심하다고 느끼겠지만, 아이는 학교에서 여러 가지 일이 있어서 한숨 돌리고 싶은 것일지도 모른다. 우선 '오늘 학교는 재미있었니?' 등으로 아이에게 물음을 던져 보자. 그러면 아이는 내심 '빨리 숙제부터 하라는 말은 안 하는구나' 하고 안도하게 된다.

부모는 '숙제하다가 뭐 모르는 것 있으면 물어봐'라는 식으로 접근하고 강요는 하지 않는 게 좋다. 이게 바로 옆에서 같이 뛰어 주는 사람으로서, 아이가 자주적으로 행동하게 돕는 것이라고 할 수 있다.

다만 부모에게는 인내심이 필요하다. 아이가 숙제를 시작할 때까지 시간이 걸려도, 시작하면 "잘하고 있구나!" 하며 칭찬해 주자.

아이가 스스로 숙제를 하지 않는 이유

만약 아이가 스스로 숙제를 하려 들지 않는다면, 숙제 난이도가 그 아이에게 맞지 않을 가능성도 생각해 볼 수 있다.

사람은 주어진 과제의 절반 이상을 해내지 못하면 의욕이 감소한다고 한다. 의욕을 유지하기 위해서는 절반 이상은 틀리지 않고 해낼 수 있는 문제로 난이도 조정을 해 주는 것이 좋다. 반에서 혼자만 다른 숙제를 받기 어렵다면 부모가 정답을 미리 준비하고, 그걸 보여 주면서 답을 옮겨 쓰게 하는 것도 좋겠다.

'그렇게 편한 방법을 써도 될까?'

'스스로 생각하게 하지 않아도 될까?'

이런 의문이나 비판도 있을지도 모른다. 그러나 답을 보여 줘도 괜찮다. 답을 보고 문제의 뜻을 이해할 때도 있기 때문이다. 혹은 '이 답이 나오려면 어떻게 생각해 보면 좋을까?'라는 식으로 가르쳐도 좋을 것이다.

앞서 부모가 일부러 답을 보여 줘서 숙제에 집중하게끔 하는 방법을 언급하긴 했지만, 그와는 달리 아이가 부모 몰래 숙제 답을 무작정 베껴 쓰고 싶어 할 때는 어떻게 대처하면 좋을까? 예를 들어, 숙제로 나온 연습 문제집 뒷장에 정답 페이지가 있어서 그걸 그대로 베껴 쓰는 식이라면 말이다.

그렇다고 하더라도 베껴 쓴 것에 대해 꾸중하면 안 된다. 그 배경에는 숙제 내용을 이해하지 못하는 걸 들키기 싫다, 부끄러움을 느끼기 싫다, 부모님한테 혼나기 싫다, 숙제 못하는 애로 찍히고 싶지 않다 등의 불안감이나 인정 욕구가 있다. 그대로 베끼는 것을 꾸짖거나 걱정하는 게 아니라 아이의 불안한 마음을 이해해 주려는 노력이 중요하다.

"몰라도 괜찮아. 우리 같이 해 보자!"라고 아이에게 다가가도록 하자.

기본적인 문제를 절반 이상
풀 수 있게 된다면

앞에서 답을 그대로 옮겨 적게 하는 공부법을 소개했다. 성인의 눈으로 보기에는 아이가 모르더라도 '우선 자기 머리로 생각하게 해야 하지 않나?' '스스로 생각해 보는 것이 중요할 텐데'라는 주장을 하고 싶을지도 모른다.

그러나 자기 머리로 생각한다는 것은 학습이 어느 정도 진전된 아이가 실력을 시험해 보거나 지식 확인을 하고자 할 때나 유효한 일이다. 경계성 지능을 비롯해 학습에 어려움이 있는 아이는 모르는 것이 더 많다고 생각해야 한다. 모르는 게 더 많은 아이는 아무리 스스로 생각해 보려고 해도 그럴 수 없는 경우가 많다.

본인의 능력이나 속도를 무시하고 모르는 문제만 자꾸 풀게 하면 아이는 '나는 왜 이렇게 못하지?'라는 무력감을 느끼고 의욕이 꺾이고 만다.

그 경우, 우선 가정 학습에서는 절반 이상을 풀 수 있는 난이도의 간단한 문제부터 도전하게 하자. 이때 문제를 잘 풀 수 있게 되더라도 빨리 좀 더 어려운 문제를 풀게 해 보자… 라고 생각하기보다는 일단은 잠시 멈추자.

교과 학습에서는 '정의'라고 하는 '정해진 규칙'이 많이 나온다. 예를 들어, 수학의 사칙 혼합 계산식에서는 계산하는 데도 순서가 있고, 분수의 덧셈에서는 분모를 똑같이 만든 다음에 분자를 더한다. 공부를 잘하지 못하는 아이는 이 규칙을 익히는 것만으로도 힘들 수 있다.

따라서 간단한 문제를 풀 수 있게 됐다고 해서 그걸로 규칙을 익혔다고 볼 수는 없다. 어떻게든 애를 써서 흉내만 간신히 냈을 수도 있기 때문이다.

수영에 빗대자면, 이제야 튜브 없이 물 위에 뜰 수 있게 됐는데 갑자기 수영장에 내던져 놓고 '다음은 25m를 헤엄쳐 보자'라는 도전을 시키는 것과 마찬가지다.

간단한 문제를 드디어 풀 수 있게 됐을 때, 어려운 문제를 바로 풀게 해서 거의 제대로 풀지도 못한다면 아무런 의미도 없다. 오히려 못하는 문제만 늘어나서 의욕이 꺾이고 마는 폐해만 생긴다.

어려운 문제로 바로 나아가는 것보다 잘 풀 수 있는 기본 문제를 반복하여 연습하고, '의외로 쉽구나!'라는 성취감을 느끼게 하는 것이 우선이다. 그렇게 자신감을 쌓고 나면, 처음으로 어려운 문제에 도전해 보고자 하는 마음이 생긴다.

예를 들어, 중학생이 된 아이가 초등학생 때 잘하지 못했던 문제를 금방 풀 수 있을 때가 있다. 그건 한 번 전체상을 파악하게 되면 이해도가 올라가기도 하고, 생활 경험과 비교 대조하여 쉽게 풀 수 있는 문제도 생기기 때문이다.

이렇게 학습이 어느 정도 진행되면 자연히 답을 알게 되는 문제도 나온다. 지금은 몰라도 학습에 있어서는 강요보다 기다려 주는 것이 좋다.

교과 학습 중에서도 기본은 국어와 수학!

부모로서 아이의 지적 호기심을 자극하려고, 예를 들어 역사를 좋아하는 아버지는 아이에게 위인전이나 역사 만화를 보여 주거나 역사적인 장소나 성에 데리고 가는 등 어떻게든 사회 과목에 대한 관심을 끌려고 할지 모른다.

그러나 아무리 훌륭한 이야기라도 아이에게 읽기 능력이 없다면 위인전이나 역사 만화는 그저 고통일 뿐이고, 그걸 권해 봤자 사회 과목에 대한 거부감만 더 생길 우려가 있다.

사회 과목 교과서를 읽는다고 해도 모든 아이가 똑같이 읽고 이해하는 것은 아니다. 국어를 잘하는 아이와 못하는 아이 사이에는 같은 사회 교과서 내용을 가르쳐도 차이가 발생하게 된다.

또한 사회에서는 띠그래프, 선 그래프, 백분율(%)로 표시된 데이터 등을 읽어 내는 능력도 필요하다. 아이가 수학을 어려워한다면 이에 대한 이해는 힘들어진다. 게다가 사회 과목에서 배우는 사건을 논리적으로 이해하는 데도 먼저 수학적 능력을 키우는 게 중요하다.

예를 들어 '왜 세금을 내는가?'에 대해 생각해 본다고 하자.

'만약 세금이 없다면… → 구급차, 쓰레기 수거, 파출소 이용 등이 유료화된다 → 공공 서비스 비용을 모두 부담하는 건 힘들다 → 안심하고 살아가려면 세금이 필요하다'

수업에서 이런 내용을 배우지만, 수학에서 필요한 논리적인 사고력이 약하면 좀처럼 이해하기 어렵다.

만약 사회 교과목이 어렵게 느껴지고 국어와 수학 모두 서툴다면, 우선 국어와 수학 능력을 키우는 게 우선이다(단, 국어나 수학도 어려운 경우에는 교과 학습 이전에 인지 기능에 대한 지원이 필요할 수도 있다).

긍정적인 신호를 꾸준히 보내 주는 것이 중요하다

일반 학급에 있는 경우, 학습에 어려움이 있어도 정부에서 정한 교육과정이 있기 때문에 어느 개인의 페이스에 맞춰 수업을 진행할 수는 없다.

경계성 지능이라면 점차 학습을 따라갈 수 없게 될 가능성이 있다. 경계성 지능의 상한은 15세 정도라고 한다. 또한 경도 지적 장애에서는 지능의 상한이 12세 정도라고 말한다. 따라서 고등학교나 중학교에 가서는 공부를 따라가지 못하게 될 우려가 있다. 그리고 주변과 자신을 비교하면서 더욱 자신감을 잃게 될지도 모른다. 무엇을 하든 간에 자신감을 갖지 못하면 앞으로의 인생에서도 온갖 부정적인 영향을 받을 수밖에 없다.

그러나 부모나 교사가 상황에 맞춰 아이를 긍정하는 좋은 사인을 보냄으로써 '나도 할 수 있구나!'라는 자신감을 키우게 할 수 있다. 못하는 부분을 지원하면서, '지금 수학은 못하지만, 국어는 잘한다' '운동을 잘하네' '게임은 다른 사람보다 실력이 좋구나' '친구를 배려하는 마음이 훌륭하네' 등등, 그 아이에게 자신감을 키워 줄 수 있는 요소를 찾아내 아이의 자기 가치를 유지할 수 있게 해 주는 것도 가까운 어른이 할 일이다.

다만 여기서 한 가지 주의할 점이 있다. 바로 결과에 대해 너무 초조해하지 말아야 한다는 것이다. 무엇인가를 꾸준히 해서 아이가 성과를 내는 데는 1년에서 몇 년이 걸릴 때도 있다. 당장 기대해서 성과가 나지 않는다고 하여 금방 포기하면 안 된다.